持続可能な地球文明への道

大乗仏教の挑戦9

東洋哲学研究所 編

持続可能な地球文明への道

大乗仏教の挑戦9

［目次］

目次

序

川田洋一

池田SGI（創価学会インタナショナル）会長は、二〇〇九年の平和提言「人道的競争へ新たな潮流」において、前年の秋に起きたアメリカ発の金融危機の原因を分析するとともに、現代文明そのもののパラダイム・シフトを提示しております。池田先生は、金融危機を引き起こした「暴走する資本主義」の根底には、『貨幣愛』に取りつかれたグローバル・マモニズム（拝金主義）ともいうべき文明病が横たわっております[1]」と洞察しております。

そして、次のように、現代地球文明それ自体のパラダイム・シフトの必要性を提示するのであります。

「暴走する資本主義にブレーキをかけるために何より有効なのは、法的・制度的な統御であることは前述しましたが、それらが、その場しのぎの弥縫策に終わるのではなく、長期的なビジョンに繋げていくためには、パラダイム・シフトを避けて通ることはできないと思うのであります[2]」

法的・制度的な統御として、「可能な限りでの大胆かつ迅速な対応（財政・金融面での支援、セーフティネットの整備など）」を、政治、国家に要請した上で、池田先生は、地球文明のパラダイム・シフトを行うためのヒントとして、創価学会の牧口常三郎初代会長の『人生地理学』に記された「人道的競争」のビジョンを示すのであります。

『人生地理学』において、牧口先生は、人類史を俯瞰して、歴史の内在的発展の論理をたどりながら、人類は軍事的競争、政治的競争、経済的競争をへて人道的競争をめざすべきことを主張しております。

『人生地理学』には、「要は其目的を利己主義にのみ置かずして、自己と共に他の生活をも保護し、増進せしめんとするにあり。反言すれば他の為にし、他を益しつゝ自己も益する方法を選ぶにあり、共同生活を意識的に行ふにあり[3]」とあります。

ここに人類文明史の精神的基軸を「利己主義」から「利他主義」へと転換しゆくべきことが説かれております。池田先生は、『人生地理学』が世に問われてから「１００年の歳月を閲《けみ》した今こそ、『人道的競争』という先見的着想、ビジョンへと、パラダイム・シフトしていくべき〃時〃であると声を大にして訴えたい」[4]と結論づけております。

「利他主義」を基軸にした「人道」、ヒューマニズムの実践によってこそ、健全なる民主主義を育成し、利己心と貪欲により暴走する資本主義にブレーキをかけ、超克するための豊潤な精神性――信頼、共感、人類愛、慈悲、勇気、創造的智慧、自由、平等、連帯、人権尊重の「善心」――を、民衆の生命内奥から発動させることができるのであります。そのような民衆内在の「善心」が、地球文明にあふれることによって、人類史を転換していくことができるのであります。

ジャック・アタリは、『21世紀の歴史――未来の人類から見た世界』のなかで、21世紀の人類史を展望し、未来の人類を襲うであろう3つの波を予見しつつ、「利他主義」を基軸として創造されるべき人類の新境地「超民主主義」を提示しております。

第一波とは、グローバル・マモニズムが支配する世界（超帝国）であり、第二波とは、その次に襲いかかる、国境をまたいで跋扈する暴力による破壊的激突（超紛争）であるといいます。そして、彼は、「人類を悪魔から救済するためには、未来の第一波および第二波が、それぞれのやり方で人類に終止符を打つ前に、未来の第三の波が押し寄せてこなければならない」[5]というのであります。未来の地球文明を色濃く染めゆく、グローバル・マモニズムや暴力の衝突による人類絶滅への道を塞ぐために、第三波としての超民主主義の形成に託すのであります。そして、超民主主義を創造しゆく世界市民を「トランスヒューマン」と名づけ、その人物像を描き上げております。

「彼らは、自分たちの幸せは他者の幸せに依存していることを悟り、また人類は平和を通じて互いに連帯するより他に生き延びる方法がないことを悟る（中略）トランスヒューマンな人々とは、愛他主義者で、二一世紀の歴史や同時代の人々の運命に関心をもち、人道支援や他者に対する理解に熱心であり、次世代によりよい世界を遺そうとする」[6]

さらに、ジャック・アタリは、『金融危機後の世界』において、次に世界を襲うであろう新しいタイプの金融危機（金融とコミュニケーション、テクノロジーを統合した、さらに複雑化したグローバル・システムによって引き起こされる危機）を予見し、さらにそれをもはるかに超える地球規模の危機（最大のものが気候システムの変動による危機）を警告するのであります。そして、それらの危機を防ぐために、再び、「利己主義」から「利他主義」への転換を説くのであります。「今回の危機においても、悪は善の源泉となり、破綻は新たな秩序の源泉となるであろう」[7]との希望を述べております。

ここに述べられた「気候システムの変動」とは、まさに、地球温暖化現象等の引き起こす地球生態系の破綻であり、人類種そのものの生存を脅かす危機であります。グローバルな金融・経済危機とも重なりつつ、それをも凌駕する地球環境問題群をも引き起こしかねない現代物質科学文明を転換する「キー・コンセプト」こそ、グローバルな「利他主義」といえるのであります。

法華経の法師品には、釈尊の入滅後に、人々のために法華経を説こうとする場合の説き方の根本精神を「弘経の三軌」として示されております。

「若し人は此の経を説かば　応に如来の室に入り　如来の衣を著《き》て　如来の座に坐し　衆に処して畏るる所無く　広く為めに分別して説くべし[8]」

日蓮大聖人は、この「三軌」について「衣とは柔和忍辱の衣・当著忍辱鎧是なり座とは不惜身命の修行なれば空座に居するなり室とは慈悲に住して弘むる故なり母の子を思うが如くなり、豈一念に三軌を具足するに非ずや[9]」と詳説しております。

この「弘経の三軌」の内実を、今日の文明転換を成し遂げゆく世界市民の実践として解明したいのであります。それは、ジャック・アタリの切望する「トランスヒューマン」の行動とも軌を一にするものでありましょう。

さて、三軌のうち、まず「如来の衣を着る」とは、柔和忍辱の心をさしており、菩薩が、文明転換の場で、どのような苦難、障害に直面しても、強靭な意志力と柔和にして自在なる精神力で乗り越えていくことを意味しております。

地球文明の転換において、世界市民を志す人々は、ジャック・アタリがいうように、まず、第一の波としてのマモニズム（拝金主義）という大波に耐え、それを打ち破らなければならないのであります。

強欲資本主義と表現されるように、これから来る新たな金融・経済危機並びに地球環境問題の生命論的基盤には、グローバルな次元に広がった「貪欲」の悪のエネルギーが充満しております。「貪欲」のエネルギーは、個人から民族、国家、そして人類総体にまで拡大し、先進国と開発途上国、並びに国家、民族の内での経済格差を生み出し、それとの関連で、地球資源を浪費しつつ、温暖化現象に象徴される自然生態系の破綻にまで及んでいくのであります。それ故に、この第一波を乗り越えるためには、「貪欲」のエネルギーをコントロールしなければならないのであります。

法華経の普賢菩薩勧発品には、菩薩の行を修する人は「少欲知足」とあります。また「仏遺教経」には、「知足の法は即ち是れ富楽安穏の處、知足の人は、地上に臥すと雖も猶安楽為り[10]」とあります。一方、「不知足の者は富むと雖も而も貧し[11]」とあります。

仏教でいう「少欲」とは、欲望を制御して、貪欲に陥らないようにすることであります。貪欲とは、自他の生命を傷つけ、搾取しても、なおとどまらない衝動のエネルギーでありま す。この貪欲を制御して、人間としての基本的欲求をかなえつつ、他者のために貢献することのなかに幸福を創り出していくのが、仏教の「知足」――自己実現のあり方であります。これが「知足即ち安楽」の幸福観であります。このような幸福観を拡大しつつ、それを阻む貪欲資本主義からの誘惑、迫害を忍耐強く乗り越えていくのが、今日における「柔和忍辱の衣」を着るという実践のあり方であります。

ローマクラブの共同会長であるヴァイツゼッカーは、現在のような物質的成長に則った発展は持続性がないと、次のように述べております。

「このような成長は、結局のところ、エネルギー効率や資源効率が5倍に跳ね上がっても、持続していかないだろうことはわかっている。（中略）世界の社会がかつての文化がもっていた節約という価値を再発見しなければならない時が来たのである。節約という代わりに『効率』を十分兼ね備えている『充足』という言葉も使うことができるだろう[12]」

ヴァイツゼッカーのいう「節約」「充足」とは、仏教での「知足」と同意であります。

さて、ジャック・アタリは、次に第二波として、国境をこえて跋扈する暴力集団の破壊的行為をあげております。エネルギー、水、食糧といった基本的ニーズをかなえるための資源の争奪戦、人権抑圧、貧困から逃れるための民族紛争、大量の難民等が重なり合っての紛争、テロ、戦争であります。そこでは、核兵器の小型化、化学・生物兵器の他、電子、ナノテクノロジーなどの想像を絶する兵器が登場してくるとも予見しております。

これらの地球次元の紛争、戦争の生命論的基盤は、個人の心から民族、国家、国家集団、人類総体の深層領域に広がる「攻撃性」――瞋恚であります。このグローバルな瞋恚のエネルギーは、直接的暴力のみならず、構造的暴力、文化的暴力となっても噴出するのであります。それ故に、世界市民として生きる人々は、自他の瞋恚と対決せざるをえないのであります。自己の生命にある瞋恚をコントロールしつつ、法華経の常不軽菩薩品に説かれる不軽菩薩や、マハトマ・ガンジーのごとく、非暴力の実践で、人類社会に広がる暴力行為と対決し、個々に忍耐強く乗り越えていかなければならないのであります。ここにも、今日の世界市民の「柔和忍辱の衣」を着るべき実践場が広がっているのであります。

次に、「三軌」のなかの「如来の座」に坐るとは、「一切法空」の境地を確立することであります。この境地については、安楽行品に「一切の法は空なり[13]」と説かれております。

一切法空とは、一切諸法、つまり現象世界の在り方を、如実に「空」なりと知見することであります。即ち現象界に存在する一切のものは独存の実体としてあるのではなく、相互に関連しあって生滅をくり返す「空」なるあり方を示しているのであります。したがって、自己自身にも、固定的、実体的な我があるのではなく、あくまで、他者との大いなる関連性のもとに生存しゆく存在なのであります。そのような相依相資性、即ち「縁起」の関連性は、自己から他者へ、民族、国家、人類的生命から、地球的生命をこえて、宇宙生命そのものにまで拡大し、深化していくのであります。

人間は、小さな自我（固定的・実体的我）の枠をこえて、万物との共生・共存の道を歩めば、永遠なる宇宙生命を基盤とした、自由にして自在なる「空」の大境地に立つことができるのであります。ここに、宇宙生命と融合した自己自身は、万物とともに生き、躍動する「大我」を形成するのであります。「大我」には、他者とともに生きる利他主義の精神がみなぎっております。

現代地球文明も、今、人類共生、万物共生を模索してはいるものの、自己自身からはじまって、人類的生命に至るまでの各次元におけるエゴイズム（利己主義）にとらわれ、共生への道を阻まれております。

仏教では、各次元のエゴイズムの生命論的基盤に、無明の煩悩を見出しております。無明とは、万物の縁起なるあり方に無知であり、それぞれの「小我」に執着する根源的エゴイズムをさしております。この無明から、現代文明をグローバルに覆う貪欲、瞋恚、不信、妄語、搾取、差別、分断等の煩悩が噴出してくるのであります。

例えば、自己の金銭欲にとらわれ、他者を搾取し、傷つけても痛みを感じない個人や集団のエゴイズム、自民族にのみ執着し、他民族を差別し、支配する民族エゴイズム、自国家に執着するあまり、他の国々を経済的に搾取したり、武力に訴えて侵略する国家エゴイズムであります。さらに、自らの文化や宗教にのみ執着して、他の多くの文化、民族を思想的・精神的に差別し、そこから、暴力に訴えて過激主義に走るような原理主義の胎動もあります。そして、今日の地球的問題群の源泉には、地球生態系を支配し、搾取する人間中心主義（人類のエゴイズム）があります。

これらの各次元におけるエゴイズム（利己主義）に挑戦し、無明等の煩悩を打ち破りつつ、利他主義の精神による共生・共存の人類社会を創り出す実践は、まさに日蓮大聖人が記すごとく、「不惜身命の修行」となるのであります。

現代地球文明の深層から噴出し、人類の営みを利己主義へと突き動かす無明という根源的エゴイズムと対決し、万物との共生・共存の「大我」を確立しゆく世界市民としての利他主義の実践とは、まさしく菩薩道として示される「抜苦与楽」の慈悲行となるのであります。「三軌」の第三にあげられる「如来の室」に入るとは、一切の人々の苦しみを抜き取り、幸福を招来する働きをさしております。つまり、万人を友とする実践であります。さらに、仏教では、この慈悲心を生きとし生けるものへと及ぼすことを説いております。

慈悲心による利他の行動は、自他の生命内奥から、すべての衆生に仏性としてそなわる仏の善心（菩提）を触発し、顕在化させる力をもっているのであります。善心とは、無明から発する煩悩を打ち破る生命エネルギーであります。例えば、非暴力、人類愛、欲望のコントロール、共生の智慧、信頼、共感、勇気、忍耐力、自由、平等心、連帯力を含んでいます。それ故に、利他的行動は、善心に包含された連帯、信頼、共感によって、他者との〝絆〟を強め、忍耐強く自由、平等の人権の獲得や、全人類から生きとし生けるものとの共生・共存の道を、「縁起」の智慧を導きの光として、非暴力の実践を通して開拓してゆくのでありま す。

相互信頼による民衆連帯の領域が、地球上のさまざまな次元へと拡大していくにつれて、慈悲や人類愛、非暴力等の善心が、国家や民族、また文化、宗教にまつわるエゴイズムを打ち破り、利他主義の潮流が、人類生命そのものにまで浸透していくのであります。さらには、現代文明をグローバルに覆う資本主義と民主主義を、利己主義から利他主義へと転換していくことが期待されましょう。貪欲に支配された資本主義は、欲望のコントロールをともなった利他主義の色彩を帯びていくのであります。また、エゴイズムの激突しあった民主主義の場は、善心による対話を蘇生させ、その健全性を取り戻すのであります。こうして、利他主義の光彩を帯びてくる資本主義と民主主義は、地球規模での良きバランスを取り戻していくでありましょう。

こうして、法華経に説かれる「衣座室の三軌」、即ち忍辱、法空、慈悲の精神は、現代地球文明のパラダイム・シフトを実践に移す世界市民の行動指針となりうるのであります。

池田先生は、東洋哲学研究所創立50周年を記念してのシンポジウム「地球文明と仏教の使命」に寄せられたメッセージのなかで、「地球文明」の「持続可能性」を阻害する3つの領域（第一に地球環境、第二に政治・社会・経済、第三に人間の精神性）にわたる問題群を指摘し、それらを克服するための宗教、特に仏教の使命に言及しております。

「未来の『地球文明』において、宗教は、人類心を涵養し、善心を強化し、倫理性・精神性を高め、深める〝主体的役割〟を担うことが期待されています。第三の領域である『人間の精神の変革』を基盤として、第一の『大自然との共生』、第二の『人類の平和共存』の領域にも深く関与していくのが、現代における宗教の存在意義と言えるのであります。仏教の現代における存在意義も、まさに『地球文明』の持続性と発展への貢献にかかっております(14)」

東洋哲学研究所『大乗仏教の挑戦』シリーズ九冊目となる本書は、二〇一三年三月に行われた「地球文明の未来」と題する学術シンポジウムにおける諸発表を基に構成されており、研究所の研究員、委嘱研究員が、各専門分野の知見を生かして「持続可能な地球文明」への道を照らし出そうとする試みであります。各章概要は次のようになっています。

第1章の私の「現代文明と欲望論——仏教幸福論の視座から」では、環境問題や経済や政治的行き詰まりをもたらしている地球上の現代文明の病弊が、人間自身のなかに潜在する「欲望」そのものから生じてきていることを指摘した上で、人間の「飽くことのない欲求」をどのように制御していくかということを仏教の欲望論から考察しています。そして、仏教で説かれる人間の煩悩とその悪循環を現代の心理学的知見に即して把握しながら、いかにして人間の幸福は達成されうるのかを「知足のライフスタイル」と真に豊かな社会との関係のなかで論じています。

八巻節夫氏による第2章「新しい地球文明と生命価値経済システム」では、現代の物質文明を支えてきた市場経済システムや伝統的経済学は人間の物質的欲望を最大限に引き出すことが目的となっており、このような文明は持続が困難であることを、エントロピー理論をもとに明らかにし、人間の欲望を満たすシステムである市場価値を生命価値中心のシステム、さらに生命再生産社会経済システムへと転換する必要性を論じています。その生命価値は生物的生命に限定されず、生の増進につながる価値全体、人間の幸福を指すことを論じながら、そのようなシステムへと移行する人間観を仏法の人間論のなかに探求しています。

山本修一氏による第3章「21世紀の科学技術とその課題」においては、現在の科学技術のめざましい発展は大量の核兵器の製造や、地球環境の破壊など人間の幸福にかならずしも結び付いてこなかった点を指摘し、現在開拓されつつある遺伝子技術などが今後どのように進展していくか、二十一世紀の科学技術の未来について論じています。そして、コンピュータ、ロボット、医療、脳科学の発展とそこにある課題について検討した上で、その技術革新がもたらす人間社会へのインパクトと変化について予見し、科学技術がますます発展するなかで我々がどのような対応を迫られているかを考察しています。

栗原淑江氏による第4章「グローバル・フェミニズムの潮流」では、女性をめぐる問題は、グローバル時代の政治・経済・環境などの地球規模で取り組まざるを得ない問題群と同様に現代世界の中心問題であるとした上で、従来、従属的、二次的な存在として虐げられてきた「女性」がフェミニズムの運動の展開のなかで、性差別とどのように戦ってきたかを「グローバル・フェミニズム」の潮流と展開の歴史をとおして描き出しています。そのなかで、女性の権利の獲得の問題が人間全体の人権闘争の歴史と連動する運動であったことを論じ、その運動がグローバル時代の問題群克服に大きなインパクトを与え続けていることを論じています。

松森秀幸氏の第5章「『共生』に対する仏教からの視座」では、仏教、特に大乗仏教は、インドから中央アジアを経て、中国、朝鮮半島、日本など東アジアに伝わる過程で各地の言語・思想を受容しつつ広がってきており、融和的な宗教であるといえるが、自身と異なる宗教に対して排他的な側面をもつことも否めないところがあることを指摘しています。そして、異なる他者と「共に生きていく」ことが求められている現代において仏教の「共生」の視座をどのような点に見出すことができるのかを、『法華経』の諸法実相、円頓止観を考察するなかで論じています。

第6章、平良直氏による「宗教と暴力――他者の非人間化と暴力への契機」では、宗教と暴力をめぐる現代世界の状況を、宗教が人間社会にコスミックな意味を付与する機能と関連させて論じています。そして、どのような宗教伝統も暴力を抑止する規範や道徳的規律を備えているにもかかわらず、なぜその倫理規範が機能せず暴力が正当化されてしまうのかを考察し、諸宗教の伝統に内包されるグローバルな倫理と暴力抑止の力を発現させ、暴力発動のメカニズムをいかに遮断することができるかについて論じています。

第7章、柳沼正広氏による「持続可能性にまつわる倫理――社会的公正と世代間倫理」では、地球環境の持続可能性に関する倫理的な問題、社会的公正の倫理的課題を取り上げ、先進国と途上国との対立を事例としながら、ピーター・シンガー、ジョン・ロールズ、アマルティア・センなど諸研究者が提起した問題を検討、吟味しつつ、世代間の倫理、特に未来の世代との倫理の課題と問題点について考察しています。

本書が、現今のグローバル社会において真の意味での共生と「地球文明」の創出に関して読者の考察の一助になることを願っております。

注

（1）『聖教新聞』二〇〇九年一月二六日付。
（2）同。
（3）「人生地理学」、『牧口常三郎全集』第二巻、第三文明社、三九九ページ。
（4）『聖教新聞』二〇〇九年一月二六日付。
（5）ジャック・アタリ著／林昌宏訳『21世紀の歴史――未来の人類から見る世界』作品社、二八六ページ。
（6）同書、二八九～二九〇ページ。
（7）ジャック・アタリ著／林昌宏訳『金融危機後の世界』作品社、二六一ページ。
（8）『妙法蓮華経並開結』創価学会、三六九ページ。
（9）『日蓮大聖人御書全集』創価学会、七三七ページ。
（10）「佛垂般涅槃略説教誡経」（仏遺教経）、『大正大蔵経』巻十二、一一一一ページ。
（11）同。
（12）Ernst Ulrich von Weizsäcker, Karlson Hargroves and Michael Smith,（山崎達也訳）、*Faktor Fünf: Die Formel für nachhaltiges Wachstum*, Droemer, p.356.
（13）『妙法蓮華経並開結』創価学会、四二六ページ。
（14）『東洋哲学研究所創立50周年記念論文集――地球文明と宗教』東洋哲学研究所。

第１章　現代文明と欲望論——仏教幸福論の視座から

川田洋一

１　現代文明の病弊

地球温暖化現象に象徴されるように、緑の惑星〝ガイヤ〟が病んでいる。オゾン層の破壊、森林、特に熱帯雨林の減少と砂漠化の進行、脅かされる生物種の多様性、水質汚染、海洋汚染、河川の富栄養化、山積する廃棄物の問題等が、地球温暖化、異常気象と相互に連関しつつ、地球生態系を破綻へと追い込もうとしている。

人類を含んだ地球上の「生きとし生けるもの」の相互連関の糸が、いたるところで分断され、自然生態系の〝ガイヤ〟としての働きが、著しく傷つけられ、いたるところで再生を困難にする領域にまで、至りかねない状況である。

このような、現代の文明社会が引き起こしている病弊について、ヴァイツゼッカー博士は、「消耗性疾患」といわれ、その原因は「浪費」にあるという。そして、この「消耗性疾患」の治療法として、「効率革命」を主張され、著書『ファクター４』のなかでも、具体的治療法として五十の事例を紹介されている。今後も、これらの事例は、改良され、増加していくものと大いに期待している。

しかし、博士は、「エコ効率革命」を「時間の節約」「時間かせぎ」と表現され、その間に「文明の著しい進歩」を切望されている。

本論は、「文明の進歩」に関して、仏教がいかなる貢献をなしうるかを、欲望論、幸福論の視座から考察するものである。

ヴァイツゼッカー博士は、現代文明の本質とそのメカニズムを、次のように解明されている。

「経済学に支配され、トマス・ホッブスの人間学のもとにある現代世界では、利己主義が活況を呈している。現実主義者と自称する人は皆、自分の生活体験をたえず他人の利己主義よりめだたせようとする」[1]（『ファクター４』）

「私たちが示唆を得た経済学者Ｇ・シェルホルンがあきらかにしているように、問題の多い典型的な西洋的人間学が『飽くことのない欲求の定理』という経済学の基礎である。表面的ではあってもすぐに満たされるべき欲求が非物質的欲求の成熟と充足に優先する。この優先順位は西洋文明の中で生まれたものなのだ[2]」(『ファクター４』)

ここにいわれる典型的な西洋的人間学とは、人間を本質的に利己主義者と見なす人間観であり、現代経済学は、そのような人間観を基盤として、利己主義から発する「飽くことのない欲求」の充足を促しているというのである。

しかし、博士自身は、このような現代経済学と欲望論に対して、次のように反論されている。

「しかし、欲求の充足は物とサービスの購入によると仮定することは、実にグロテスクな単純化である。実際に私たちが真の充足感を抱くのは、むしろ親しい人々に認められること、なんらかの実現のために働いて、やりがいのある将来への希望を呼び覚ますこと、友情、愛、公正さ、知識などである。どんな宗教や文化も、そのことを知っていたはずだ[3]」(『ファクター４』)

仏教も、世界宗教の一つとして、他の偉大なる宗教とともに、「非物質的欲求」を重視し、その内実を包括した立場から、欲望論と幸福論を形成している。この点については、第2節以降に述べることにして、現代経済学と欲望について、さらに考察を進めていくことにする。

暉峻淑子《てるおかいつこ》氏は、西ドイツ（当時）での体験等から、一九八〇年代後半の、バブルのピークにあった日本を見られて、真の「豊かさ」についての著書『豊かさとは何か』を発表されている。そのなかに、経済学と欲望論について、次のような見解を示されている。

「生産は、昔は、飢えに対する食物、寒さに対する衣服、家のない人への住宅等を意味していた。しかしいまは、いっそうぜいたくな、ある意味では不道徳で危険な欲望を作り出すものに変化している。数多くのなくてもよいような製品がなぜ必要か。欲望をかきたてるためのあくどい宣伝や売りこみがなぜ必要か。疑っている経済学者は少なくないが、それに対しては『より多くを欲するのが人間性だ』（中略）等の反論がでてくる」(4)

暉峻氏は、宣伝や見栄や販売術によってあやつられた欲望を「かきたてられた欲望」とされ、一方、かきたてられた消費ではなく、「自主的に決定された欲望」への転換を主張されている。

そして、現代の物質とエネルギーの消費社会をささえる経済学の消費需要の理論を、次のようにまとめておられる。

「一・欲望が充足されても、欲望は減退しない。肉体的欲望の次には心理的欲望があり、心理的欲望には限りがない。また欲望充足を『証明すること』は難しい。充足という概念は、経済学には存在しない。

二・欲望は消費者の個性に根ざすものであって、その欲望がどうして生じたかには、経済学者はかかわらない。経済学者は、精神状態のあらわれを研究するのであって、精神状態それ自体を研究するのではない(5)」

このような経済学の消費需要の理論に対して、仏教は、どのような欲望論を提示しうるのであろうか。はたして欲望は限りないものであり、人間にとって欲望充足はありえないのであろうか。経済学者が、「かかわらない」という欲望の源泉について、仏教は、いかに関わることができるのであろうか。

まず、仏教においては、暉峻氏のいう「かきたてられた欲望」を貪欲と表現している。貪欲は、煩悩の一つであり、自他を破滅に追いこんでまでも、どこまでも、生命の内奥から突き上げてくる衝動をさしている。仏教によれば、この貪欲は激化してくると、モノとカネへの執着から、他者への「慳（ものおしみ）」「誑（たぶらかし）」、そして「覆（罪過をかくす)」や「諂(へつらい)」等の随煩悩を引き起こしてくるという。不道徳で危険な欲望である。釈尊が生きたのは、紀元前五世紀頃とされるインドであるが、仏教は、すべての人間生命の内奥に、貪欲等の人間を破滅に導く煩悩を見出していたのである。これらの煩悩の発現は、二十一世紀の今日の物質とエネルギーの消費社会においては、宣伝、販売術等の欲望をかりたてる方法の巧妙さによって、ますます増大し、激化し、衝突をくり返している。

それ故に、釈尊は、次のように、快楽主義ではない真の幸福の道をさし示している。

「世の中にはこのような破滅のあることを考察して、賢者・すぐれた人は真理を見て、幸せな世界を体得する」[6](115)

釈尊の言説に従って、破滅を引き起こす貪欲等の煩悩の源泉を洞察して、さらに賢者の見る「真理」とは何かについて論を進めていきたい。

2 仏教の欲望論

釈尊の菩提樹下の悟りの体験を引き継ぎつつ、広大なる人間生命の内奥を解明しようとした大乗仏教の一つに、唯識学派がある。この学派によると、貪欲等の煩悩の源泉は、人間心理の深層意識（「無意識層」）にあるとする。「かきたてられた欲望」（つまり貪欲）とは、深層心理から引きずり出される衝動である。

ここから、仏教の欲望論に入る前に、欲望に関わる言葉の整理をしておきたいと思う。それは、「貪欲」と「欲望」の区別である。「貪欲」とは、モノとカネという物質的欲望、権力欲、名声欲、名誉欲等の心理的欲望への執着から、一時の快楽主義に走り、その結果、自他を破滅に追いこんでも、なお、自己自身でコントロールできない衝動エネルギーである。このエネルギーが、今日のエネルギー多消費社会において、生命内奥から引きずり出されているのである。それは、ヴァイツゼッカー博士のいう「物質的欲望」であり、暉峻氏のいう「かきたてられた欲望」である。

このような性質の欲望――貪欲に関していえば、「欲望に限りはなく、充足を証明することはむずかしい」といえるであろう。しかし、人間の本来的な欲望、理性、良心や大宇宙の「真理」によって照らし出され、人間の幸福への道を開くエネルギーとしての「欲望」については、経済学の示す、これらの欲望の性質は、当てはまらないと考えている。この点に関しては、次章で、マズローの欲望階層説を使いながら、論証していきたい。

人間本来の欲望とは、ヴァイツゼッカー博士のいう「非物質的欲望」を基盤としたものであり、暉峻氏のいう「自主的に決定された欲望」である。仏教の欲望論は、快楽主義のはてに「破滅」に追い込む「貪欲」の源泉を見出しつつ、そこから、真実の幸福――これは真実の「豊かさ」であるが――へと導く「欲望」への質的転換、昇華への道を説こうとしているのである。それは、欲望論から幸福論への道である。

さて、唯識学派によると、人間の意識（表層心理）の内面には、根源的自我意識としての深層領域があり、これを「末那識《まなしき》」と名づけている。そして、この領域に、一方では根本的な四煩悩を説き、あらゆる煩悩の源泉としている。同時に、他方では、これらの煩悩を打ち破る心のエネルギーを菩提即ち善心として説くのである。

残念ながら、現在の物質とエネルギーの多消費社会は、末那識領域の四煩悩を触発し、引きずり出してやまないのである。四煩悩の向かう対象は、物質的欲望と名誉欲、権力欲、名声欲等の社会的、心理的欲望である。末那識という根源的自我意識を汚染する四煩悩とは、我愛、我慢、我見、そして我痴であるという。

四煩悩の基盤は我痴である。我痴とは、仏教的には無明と同義であり、大宇宙と生命の「真理」（明）への無知である。仏教では、大宇宙と生命の「真理」を〝縁起の法〟として説いている。この現象界のすべての存在は、関連しあい、相資《あいたす》けあって、創造的進化を織り成しているのである。このような宇宙と生命の真実のあり方（実相）に無知（無明）であり、それ故に、この現象界に張りめぐらされた「縁起」の糸を、自らのエゴイズムの為に切断し、創造的進化を破壊し、破滅に追いこもうとしている。そのような生命内奥のエゴイスティックな衝動を我痴（無明）としてとらえてくるのである。

ヴァイツゼッカー博士の、西洋人間学における利己主義の指摘は、仏教における「末那識」次元での我痴（無明）の発現と一致するのである。我痴（無明）は、末那識という深層次元の衝動である故に、その根源的エゴイズムを自覚し、コントロールすることは、きわめて困難である。

この我痴（無明）のエゴイズムが発動して「我愛」（貪欲）となると、他者との連関の糸を切断し、他者を苦悩に追いこんでも、自らの欲望をかなえようとするのである。この貪欲には、限りはないのである。貪欲化しやすい欲望が、モノとカネに執着する欲望であり、さらに権力や名誉、名声に向かう衝動である。

その「我愛」は、欲求不満を抱きながら、どこまでも増大してやまない性質をもっている。そして、他者と比較して、優越感にひたり、差別心を引き起こしてくるのが「我慢」である。「我慢」も、自と他を切り離して、そこに「差別」の壁をもうけ、比較して、優越感にひたるのであるが、逆に、劣等感にさいなまれることにもなるのである。

しかし、この貪欲のエネルギーが、突破しようのない壁に突き当たると、「瞋恚《しんに》」という煩悩が生じてくるという。瞋恚は、怨念、恨みとなり、それが激すると、自ら悩みながら嫉妬を引き起こす。そして、最後に、「害」という暴力性に走るのである。すなわち、「我愛」（貪欲）は、その欲求がかなえられる限りにおいては、不満を抱きつつも拡大しつづけ、「我慢」という差別化を引き起こし、欲求の充足が不可能となると、瞋恚のエネルギーと化して、暴力性、攻撃性にまで至るのである。これらの貪欲や慢心、差別心や怨念をかりたてるのが、「我見」である。

今日の「かきたてられた欲望」を生命内奥から引きずりだしているのは、「不道徳」にして「危険性」さえもはらむ広告、宣伝であり、ある種のテレビの映像である。貪欲や瞋恚、暴力性、攻撃性を引きずり出す広告や宣伝、映像は、人間心理に内在化されて「悪見」となるのである。そして、人々は、ますます「悪見」にそまって、倫理性を失い、暴力性、貪欲性を増して根源的利己主義を強化していくのである。

こうして、貪欲や差別心や攻撃性の基盤にある「我痴」（無明）は、「悪見」に触発されて、ますますエゴイズムを強めつつ、他者との関連性を切断し、あらゆるエゴイスティックな煩悩をとりこにして、自他の破壊へと向かうのである。このような「我痴」（無明）から貪欲、差別心、攻撃性、悪見へ、そしてエゴイズムの強化へという「煩悩の悪循環」を、どこかで何らかの方法で転換しなければならないのである。

その転換のカギとなるのが、「末那識」次元から意識の表層へと発現してくる善心（菩提）である。仏教では、善心として、縁起、共生の智慧、自他ともの幸福をめざす慈悲（抜苦与楽）のエネルギー、不貪という貪欲をコントロールする力、不瞋即ち非暴力、根源的信、感謝、知恩、平等心、友情、誠実さ、勇気、希望等を洞察している。それでは、どのようにして善心を強力に顕現させ、〝煩悩（悪心）の循環〟を打ち破り、〝善（菩提）の循環〟へと転換していけばよいのであろうか。そのための一つの手がかりを、マズローの「欲求の階層説」に求めたいのである。

3　マズローの「欲求の階層説」をめぐって

マズローは、健全な人間の内的に発動してくる欲求を、段階的に示し、「欲求の階層説[7]」を主張している。つまり、人間成熟のプロセスで起きてくる種々の欲求を段階的に整理したのである。

第一は、生理的欲求である。人間が生物的存在として生きるための最低限の本能的欲求である。この生存・生理の欲求は、食糧、水、衣服、睡眠、休息の場としての住居の保障等を求めている。ここには、欠乏、貧困、飢餓からの自由が含まれる。つまり、人間としての「基本的ニーズ」である。

第二は、安全、安定の欲求である。誰からも脅かされず、安心して生きていける欲求である。国家のレベルでいえば、国民の安全に生きる権利である。医療、保健の保障、病気からの自由、恐怖（暴力やテロ）からの自由、犯罪からの自由、さまざまな医療対策、危機管理、インフラ整備などによる「安全に生きる権利」への欲求である。この欲求も、「基本的ニーズ」に含まれる。

第三は、所属の欲求と承認の欲求である。社会参加への欲求である。ある集団に属していたいという欲求と、他者から認められ、愛情をかけられたいという欲求である。さらに、基礎教育への権利欲求、公共福祉、経済的自立の欲求等も含まれる。

第四は、自尊・尊厳欲求である。自己自身の尊厳性に目覚め、誇りをもち、自己を承認しつつ、基本的権利を主張する段階である。一人の人間として社会的自立をめざし、自由意志にもとづく人生への欲求である。次の段階へのステップとして見れば、就労や社会参加への機会の創出が必須となる。

マズローによれば、この四つの欲求は、人間としての基本的欲求である。地球上のすべての人々が、かなえるべき欲求であり、社会は、これらの欲求がかなえられるような条件を整えなければならないのである。国家、民族、社会や国連並びに国際機関、企業、そしてＮＧＯ、ＮＰＯ等が協力しあって、すべての人々の基本的条件の充足に努力しなければならない。特に、基本的ニーズとしての食糧、水、住居や医療、健康、教育を含む、第一の生理的欲求、第二の安全・安定への欲求、そして、社会的関係へと進んでいく教育、経済を含む第三の所属と承認の欲求は、きわめて重要な人間としての欲求である。これらは、「人間の安全保障」の概念に相当する欲求である。その上に第四の自尊・尊厳の欲求があり、誇りをもって自由意志で人生を歩んでいける段階に入るのである。

マズローは、この四つの段階は、低次の欲求が満たされると、より高次の欲求へと段階的に進んでいけると主張している。すなわち、第一の生理的欲求が整って、第二の安全の欲求がかなえられる段階に入る。社会、国家が安定し、ある程度の安全性が保障されると、次の社会との相互信頼、承認の段階へ、そして、社会的自立に至る。これらの欲求は、すべて、社会の条件との関係性から、順次に発動してくるものとされている。

しかし、マズローは、これらの欲求は基本的欲求であり、その基盤の上に第五の自己実現の欲求が発動してくるという。この欲求は、成長欲求である。

諸富祥彦氏は、自己実現している人の基本的特徴を、マズローの論文から紹介している。

マズローは、「自己実現している人の基本的特徴を、①病気からの解放、②基本的欲求の満足、③自己の能力の積極的利用、④ある価値に動機づけられ、それを得ようと努めていること――の四点にまとめています[8]」。

ここに、①病気からの解放とは、たとえ疾病をもっていても、それにとらわれず乗り越えていこうとする意思力をもち、生命本源の力を発揮していることと考えられる。②基本的欲求とは、これまでに述べた四段階の欲求の充足ということである。③自己の能力――才能、性格、身につけた知識、技能等を自ら積極的に活用できるということであり、自己自身の強化をしている人である。④ある価値とは、各人によって違うであろうが、自己決定した人が追求している目標、価値のことである。マズローは、動機づけとしての存在価値として、真理、正義、個性化、自己充実、人生の意味、活動等をあげている。この四点が、自分のもっている可能性を最大限に発現している自己実現の人間である。マズローは、その人間成長の究極のところに、「至高体験」、個性化の究極の境地をとらえようとしている。

このようなマズローの、「個」から、それを超えて、「超個」の領域への志向性を、仏教の視座からとらえてみると、人間の欲求（成長欲求）として、次の二つの欲求を自己実現の欲求の上に設置したいのである。つまり、第六に、人類共生の欲求、第七に、根源的・宇宙的欲求である。

第六の人類共生の欲求とは、この地球上のすべての人々が、これまでの四つの基本的欲求をかなえ、さらに、それぞれの自己実現を成し遂げつつ、ともに助けあって成長していこうとする欲求である。個人の生命内奥から顕現するこの欲求は、「個」の生命を超えて、「超個」（トランスパーソナル）の領域、すなわち、家族、地域、民族、国家、文化、文明、宗教そして人類の次元へと、拡大しつづけるのである。しかも、この欲求は、仏教の縁起の法がさし示すように、「相依相資」の智慧に照らされて広がっていくのである。つまり、他者と相互に依存しあいながらも、しかも、相互に資けあって、「豊かな生」を築きあげようとするのである。

そのために「縁起・共生」の智慧は、慈悲という、他者の不幸に「思いやり」「共鳴」しつつ、ともに苦悩を乗り越えて幸福を築きゆくための善なるエネルギーとともに発動してくるのである。「縁起・共生」の智慧と、「慈悲のエネルギー」が一体となって、「他者」へと貢献・援助の行動を起こすのである。それ故に、人類共生の欲求は、他者貢献の欲求ともいいうるであろう。

貢献・援助のあり方を、仏教では、四摂事[9]として示している。

第一に布施である。これは、物質的、精神的、技術的援助である。精神的援助のなかには、教育や知識が含まれる。第二に愛語である。具体的な行動においては、「思いやり」に満ちた、相手の勇気をわき起こさせる言葉を使うべきである。ここに、信頼が養われる。第三に利行である。これは、相手にとって利益になることを援助することである。

第四に同事である。相手と一緒になって、これらのことを行なうのである。このような援助・貢献によって、他者の苦しみをともに乗り越えていく道が開かれるのである。特に、先進諸国の人々は、まず開発途上国における「基本的ニーズ」の充足のために、自己の才能、技能、知識、知恵、財力等を活用することである。第一の生理的欲求、第二の安全の欲求の充足を基盤として、他の欲求が顕在化すると考えられる故である。先進諸国の人々は、個人、NGO、NPO、国家や国際機関等を通じて、他者貢献の欲求を広げていくべきである。

このような欲求にもとづく行動が、内在の善心――友情、信頼、非暴力、貪欲のコントロール、平等心、勇気――を顕在化させ、強化しつつ、自己自身の境涯を拡大していくのである。そして、ついには、民族心や国家心を超えて、人類心と一体となる領域にまで至るのである。

この人類共生の欲求の拡大のプロセスを、内的に、心理学用語を使えば、ユングの「集合無意識」に相当するであろう。そして、仏教的にいえば、「末那識」の次元を超えた「阿頼《あら》耶《や》識」という深層領域に相当すると考えられる。この「末那識」と「阿頼耶識」には、ガルトゥングのいう「構造的暴力」が渦巻いている。それは、仏教の煩悩――三毒や末那識の四煩悩が、民族心、国家心などのなかに刻印、蓄積されたものと考えられる。

このような深層領域を、「縁起・共生の智慧」と一体となった「慈悲の実践」が揺り動かしていけば、内在する煩悩を打破し、それらを善心へと変革していくことができるであろう。漸進的ではあるが、人類共生の欲求の発現としての具体的な援助・貢献の実践が、「善心・共生の輪」を広げていくのである。

こうしたプロセスを支える基盤が、第七の根源的・宇宙的欲求である。この根源的な欲求は、地球生態系と共生しつつ、人類意識を宇宙意識にまで高め、拡大していくのである。

大自然に憩いつつ、大宇宙の流転のリズムに生きる喜びのなかに、〝永遠なるもの〟〝根源的なるもの〟を身心全体で感受していけるのである。それは、まさに宗教的境地であり、マズローの「至高体験」、チクセントミハイの「フロー体験」を引き起こす源泉である。そのような至高の境地から、万物との一体感を味わいつつ、自らを生かすもの、〝永遠なるもの〟への感謝の念がわき起こってくるのである。その一念が、慈悲の心となって発現してくるのである。

釈尊は、『スッタニパータ』の「慈しみ」の章のなかで、「究極の理想に通じた人」の偉大なる境涯を、次のように説いている。

「一切の生きとし生けるものは、幸福であれ、安穏であれ、安楽であれ」（145）[10]

「目に見えるものでも、見えないものでも、遠くに住むものでも、近くに住むものでも、すでに生まれたものでも、これから生まれようと欲するものでも、一切の生きとし生けるものは、幸せであれ」（147）[11]

ここには、〝永遠なるもの〟に根ざした根源的・宇宙的欲求からほとばしり出る慈悲の念が、生きとし生けるものに及び、未来世代までも包括していく様相が示されている。「生物間倫理」と「世代間倫理」を貫いて、慈悲はすべての存在へと及んでいくのである。

釈尊は、その境地を、次のように開示している。

「また全世界に対して無量の慈しみの意《こころ》を起すべし」（１５０）[12]

マズローの示した基本的欲求から、自己実現の欲求の指し示す方向へと、人類共生の欲求、そして、本源的・宇宙的欲求を探求していくと、究極のところに、大宇宙と共生しゆくための慈悲心の偉大なる顕現に出会うことができるのである。そして、この慈悲の念は、すべての存在の幸せを願いつつ、これまでのすべての欲求を包み返し、人間としての最高の「豊かな生」を成就させていくのである。

4　知足のライフスタイル——真の「豊かさ」を生きるために

人間が真の「豊かさ」を生きるための、仏教からの指針を示した経典がある。『仏遺教経』には、「知足の法は即ち是れ富楽安穏の處、知足の人は、地上に臥すと雖も猶安楽為り」[13]とある。その一方で、「不知足の者は富むと雖も而も貧し」[14]とも記されている。つまり、「知足」の人生は安楽であり、幸せであり、一方、「不知足」の人生は、たとえ物質的に富んでいるようであっても、貧しく、不幸であるとの意味である。このような、「知足」は豊かで幸福であり、「不知足」は貧しく、不幸であるとの価値観を、前節で論述した「七つの欲求」の段階説に当てはめてみると、次のようになるであろう。

「知足」とは、人間生命の内奥から顕在化する七つの次元にわたる、すべての欲求を充足して生きることである。基本的欲求（四つの欲求）の充足の上に、成長欲求をかなえつつ、宇宙生命と一体となって生きる人生へと至るのである。たとえ、物質的に豊かであっても、他の欲求を発現していない生は「豊か」とはいえない。同様に、権力、名誉、名声等の社会的・心理的欲求にとらわれて、成長欲求を無視しての生も、けっして「豊か」とはいえないのである。

この七つの欲求は、暉峻淑子氏のいう「自主的に決定された欲望」に相当すると思われる。暉峻氏は次のようにいっている。

「もともと、生きるとは生命の全体的な発揮であり、偏った部分的な人生は豊かな人生とはいえないのである。私たちは食物、暖かさ、眠り、愛し愛されること、社会からはじきだされないこと、教育、信念、文化的活動、政治参加などのすべてに対する欲求を持つ者として、全体として生きるのである。それが自己実現である(15)」

と記し、その後に、大自然との共生をつづけられている。

ところで、これらの生命内包のすべての欲求が顕在化してくるためには、その生命を取り巻く社会が「豊か」であることが大前提である。「豊か」な社会のなかで、人間は、自らの生命のなかから「自主的に決定された欲望」を、次々と出現させ、充足させることができるのである。

「幸せな社会」のそなえるべき要件を、大石繁宏氏は、『幸せを科学する』(16)のなかで、次のような項目として抽出している。順不同で記述してみると、①全般的に豊かな国。国内総生産や購入力。②社会的安定性。秩序崩壊した社会は不幸。③信頼社会。他人を信頼できること。④人権の保護。思想・言論の自由、公平感、社会福祉の重視等である。

これらの「幸せな社会」の要件を、「七つの欲求」の充足のための社会条件として考えると、次のようになるであろう。

① 経済力は、「七つの欲求」の第一、生理的欲求の充足に必須である。

② 社会的安定性は、第二の安全、安定の欲求をかなえる土台である。

③ 信頼社会においてこそ、第三の所属の欲求と承認の欲求がかなえられるのである。

④ 人権、自由、平等の保障された社会においてのみ、人間は、自尊、尊厳の欲求を発揮して生きられるのである。

以上のような「幸せな社会」「豊かな社会」を基盤として、人間は自己実現、人類共生、根源的・宇宙的欲求を発現しての「豊か」で「幸せ」な人生を開拓できるのである。

それでは、現実の社会はどうであろうか。開発途上国の人々が、まだ、第一の生理的欲求、第二の安全・安定の欲求すらかなえられていないことは明白であり、先進諸国の人々の第六、人類共生、他者貢献の欲求の実践である援助、貢献が関わっていかなければならないのである。

今日の世界において、先進諸国といわれる国々は、「生活必需品」が十分に行き渡った社会ではある。しかし、そのことによって、「七つの欲求」のうちの四つの「基本的欲求」さえ充足しているとは考えられないのである。

その理由として、仏教の欲望論は、「欲望」の「貪欲化」を指摘するのである。「貪欲」とは、すでに述べたように、モノとカネという物質的欲望や権力、名誉欲、名声欲等の心理的・社会的欲望への執着心をさしている。その結果、貪欲は、他者を犠牲にし、他者を破滅に追いこんでまでも、自律的にコントロールできない衝動となる。つまり、「かきたてられた欲望」である。

経済力のもたらす物質的欲求の貪欲化がおき、生理的欲求の範囲を大きく超えて、物質とエネルギーの浪費社会をつくり出している。広告、宣伝、映像等に含まれる「悪見」に駆り立てられて、貪欲は倫理性を失い、他者を傷つけていることにも気がつかない状況に陥っている。自然生態系を含む環境を傷つけ、破滅に追いこみ、同時に自己の身体を病的状況に陥れても、なお、コントロールできないのである。その象徴が、麻薬、覚せい剤、アルコール依存症であり、また、生活習慣病や心身症の悪化を自らコントロールすることができないのである。

さらに、物質的欲望は、生命内在の他の煩悩をも引きずり出している。瞋恚の煩悩も、貪欲化してコントロール不能に陥り、忿・恨・悩・嫉となり、ついに害（暴力性）となって爆発し、第二の基本的欲求である安全・安定の欲求の基盤を突き崩している。物質的には比較的豊かになった先進諸国においてさえも、犯罪、暴力行為の増加、テロの脅威におびやかされ、暴力性の内攻は、自殺の増加を引き起こしている。同時に、不信、敵意、無慈悲、差別、排除等の煩悩が、相互信頼にもとづく欲求である第三の所属の欲求と承認の欲求を拒否している。個人は他者と分断され、孤立感にさいなまれている。第四の自尊・尊厳の欲求は、その倫理性を失い、エゴイズムと慢心の煩悩に取り込まれ、「勝他の念」と化している。そこから、各種の人権侵害、他者の自由の抑圧、思想・言論の抑圧のエネルギーとなって弱肉強食の社会をつくり出そうとしている。〝強欲の資本主義〟といわれるものも、「勝他の念」の経済界における一つの表出であろう。

仏教の視点からすれば、欲求不満や精神の飢餓感は、貪欲化したあらゆる煩悩に取り込まれての、人間精神の自律的な善心の呼びかけではないだろうか。成長欲求は善心のあらわれであり、その顕在化は、マズローの自己実現の欲求を超えて、自己超越の欲求――すなわち、人類共生から大宇宙との一体化への欲求となってあらわれるものである。それ故に、まず人々が、貪欲化した煩悩を見据えて、それに振り回されることなく、自覚的に善心の顕在化とその深化につとめる行為が、要請されるのである。

善心による、基本的欲求（四つの欲求）の、本来的な姿への転換とは、「自主的に決定された欲望」の充足へと変革していくことである。善心の顕在化には、情報、通信機関や、長期的には教育を通して、正見（善見）を社会に広く、深く伝えゆく努力を、お互いに協力しあって持続していくことである。

善心をあらわす善見（正見）を触発する源泉には、世界の偉大な宗教、思想、哲学があり、そこには、人間の本来的な生き方、真の「豊かさ」を生きる智慧、人間倫理とそれにもとづく環境倫理等が含まれている。また、地球環境問題に焦点を当てていえば、ローマクラブのこれまでの書『成長の限界』、『成長の限界を超えて』、そして池田ＳＧＩ会長とペッチェイ氏との対談『二十一世紀への警鐘』、ホフライトネル氏との対談『見つめあう西と東』、そしてヴァイツゼッカー博士の『ファクター４』、『ファクター５』、アル・ゴア氏の『不都合な真実』、『地球の掟』等の良書がある。仏教の立場からは、先日、『大乗仏教の挑戦――地球環境と仏教』を東洋哲学研究所の研究員が出版している。

これらの良書――つまり、善心を触発し、善見を養うに足りる書を、自ら思索し、自らの基本的欲求の貪欲化を防ぎつつ、成長欲求、特に第六の人類共生、他者貢献の欲求を実践しゆくところに、「善心の連帯」の輪が広まっていくのではないだろうか。その具体的実践のあり方を、『ファクター４』、『不都合な真実』のなかに数多く見出すことができる。他者への貢献、そして他者との「善心の連帯」の行動を、地域から民族、国家、世界へと広げていくことのなかに、より「豊かな」社会へと変革しゆく道が開かれていくのである。

善心の開発から、他の欲求の活用、そこから真の「豊かさ」、真の「幸福」がもたらされることを、日蓮も、仏教の本義にもとづいて、次のように説いている。

「蔵の財よりも身の財すぐれたり身の財より心の財第一なり」[17]（「崇峻天皇御書」）

この文を、池田ＳＧＩ会長は次のように解説している。

『『心の財』を根本とした時に、実は『蔵の財』も、『身の財』もその真実の価値を正しく発揮することができるのです。一言で言えば、『心の財を築く』という人生の根本目的が大事です。この根本目的を喪失してしまえば、たとえ『蔵の財』や『身の財』をもっていようとも、それらへの執着が生ずる。それは失うことへの不安ともなり、かえって苦しみの因となる。あくまで大事なのは、『心の財』を積み上げていくことです。ここに正しい人生の目的観があります(18)」

ここに「蔵の財」とは、物質的財産とされ、「身の財」とは、健康や身につけた技能、知識等をさしている。「心の財」は、人間生命に内在する善心であり、すべての成長欲求を含んでいる。人類の根本目的が「心の財」を築くこと、すなわち、善心の開発であることを見失うと、現代文明が陥っているように、「蔵の財」に執着し、貪欲をはじめ多くの煩悩を引きずり出し、その結果、「身の財」の活用にも支障をきたし、「心の財」の開発に向かうことさえ困難な状況になってくる。

仏教は、「心の財」、すなわち善心の開発を中軸として「豊かな社会」、「幸福な社会」の創出をめざしている。

釈尊は、「この上なき幸せ」とのテーマで、『スッタニパータ』で詩句を残しているが、その大部分は、「心の財」、すなわち善心の問題に向けられている。アトランダムに詩句をひろってみると、次のようなものがある。

「多くの神々と人間とは、幸福を望み、幸せを思っています。最上の幸福を説いてください」（258）[19]

そして、まず、

「諸々の愚者に親しまないで、諸々の賢者に親しみ、尊敬すべき人々を尊敬すること、――これがこよなき幸せである」（259）[20]

愚者や、まして悪人に親しんで、煩悩を引きずり出すのではなく、尊敬すべき賢者に親しんで、善心を開発することが幸せであるという。

同じように、善心の開発については、次のような詩句がある。

「耐え忍ぶこと、ことばのやさしいこと、諸々の〈道の人〉に会うこと、適当な時に理法についての教えを聞くこと、――これがこよなき幸せである」（266）[21]

ここに理法とは、仏教では「縁起の法」であり、宇宙と生命の根源の法である。すなわち、根源的・宇宙的欲求をかなえる永遠なる宇宙法である。その理法を修養し、行動のなかに体現すれば、安穏の境地を得られるというのである。

「修養と、清らかな行いと、聖なる真理を見ること、安らぎ（ニルヴァーナ）を体得す

ること、――これがこよなき幸せである」(267)[22]

ここに「聖なる真理」は、宇宙根源の法である「理法」である。

善心としての内容をあげる詩句もある。

「尊敬と謙遜と満足と感謝と(適当な)時に教えを聞くこと、――これがこよなき幸せである」(265)[23]

ここに「感謝」とは「知恩」のことである。他者の恩を知り、それに応じようとする時に、「感謝」の心が生じてくる。縁起の法である相依相資の実践である。

このような善心や理法の顕在化とは、悪をとどめる倫理性、戒を発現することである。

「悪をやめ、悪を離れ、飲酒をつつしみ、徳行をゆるがせにしないこと、――これがこよなき幸せである」(264)[24]

悪とは煩悩に支配された行為であり、それを根絶することをいわれている。中村元氏は、「飲酒をつつしむ[25]」ということは、インドはとくに暑い国なので、飲酒はよけいに体にひびくことからいわれたことと、解説されている。飲酒のコントロールとれば、アルコール依存症への警句である。今日では、麻薬、覚せい剤の禁止、ギャンブルへの警句でもある。

さらに、善心は他者に向かって、善行となっていくのである。

「施与と、理法にかなった行いと、親族を愛し護ることと、非難を受けない行為、――これがこよなき幸せである」（２６３）[26]

施与とは、他者への布施行であり、第六の他者貢献の欲求に相当する。これらの善心の開発による善行は、「身の財」や「蔵の財」をも生かしていくことができる。

「深い学識あり、技術を身につけ、身をつつしむことをよく学び、ことばがみごとであること――これがこよなき幸せである」（２６１）[27]

「父母につかえること、妻子を愛し護ること、仕事に秩序あり混乱せぬこと、――これがこよなき幸せである」（２６２）[28]

「適当な場所に住み、あらかじめ功徳を積んでいて、みずからは正しい誓願を起していること、――これがこよなき幸せである」（２６０）[29]

ここに「適当な場所」とは「蔵の財」であるが、「学ぶこと」「技術を身につけ」ること、「仕事に秩序あり混乱せぬこと」は「身の財」である。更に、「ことばがみごとであること」や「父母や妻子」との愛情は、信頼社会の基盤である。なお、ここには、父母と子の関係が述べられているが、仏教では、父母から子どもへ、妻から夫への愛情についても「相依相資」性にもとづいて説かれている。ある人の父母や妻子との関係は、ともに愛し合い、資けあう相互関係なのである。

そして、「功徳を積むこと」とは、他者への倫理的行為が、自己自身の徳（善業）となって蓄積されることであり、「正しい誓願」とは、善心にもとづいて、第六の他者貢献の欲求、人類共生の欲求をはたしゆくことである。

仏教では、このような善心による善行を、さまざまな次元で実践し、四つの基本的欲求の充足をかなえるのみならず、それを拡充し、成長欲求に支えられて、家族、民族、国家、文化、文明、そして自然生態系と一体となった人類共生の社会をめざすのである。

ＳＧＩは、個人の努力とともに、目覚めた民衆との「善心の連帯」を拡大し、「善心の循環」を全世界へと広めていくために、平和、軍縮、人権、人道問題、文化、教育に関する活動を繰り広げているが、最後に、「持続可能な開発」に関する活動を紹介しておきたい。

ＳＧＩでは、二〇〇五年からスタートした国連の「教育の10年」を支援し、教育教材として、映画「静かなる革命」を地球評議会、国連環境計画、国連開発計画と協力して制作、上映。地球憲章委員会と共同制作した「変革の種子」展を世界各地で開催。また、自然保護活動として、ブラジルＳＧＩが「熱帯雨林再生研究プロジェクト」を一九九三年から展開し、アマゾン川流域の生態系の保全のため、植林、種子の保存を行なっている。植林は、カナダやフィリピンの各国のＳＧＩでも展開している。

これらのＳＧＩの活動の目的を、池田ＳＧＩ会長は「１・２６提言」（二〇〇八年）で、次のように述べている。

「かつて私は、『持続可能な開発のための教育の10年』の制定を呼びかけるにあたり、環境問題解決のためには、制度面での整備といった〝上からの改革〟だけでなく、草の根レベルで行動の輪を広げ、目覚めた民衆の力を結集していく〝下からの変革〟が欠かせないと強調しました。（中略）『教育の10年』を軌道に乗せ、地球環境の悪化を食い止められるかは、一人でも多くの人々が自身の問題として受け止め、具体的行動を起こせるかどうかにかかっています。すなわち、持続可能な未来を築くために、個人や家族、地域社会や職場といった、身近なところから何ができるかを話し合い、共に行動を始めることが何よりも求められているのです[30]」

注

（1）エルンスト・U・フォン・ワイツゼッカー他著／佐々木建訳『ファクター4』財団法人省エネルギーセンター、一九九八年、四二四ページ。
（2）同書、四二五ページ。
（3）同書、四二三ページ。
（4）暉峻淑子『豊かさとは何か』岩波書店、一九八九年、八九ページ。
（5）同書、八九〜九〇ページ。
（6）中村元訳『ブッダのことば　スッタニパータ』岩波書店、一九八四年、三一〜三二ページ。
（7）欲求の階層説。上田吉一『自己実現の真理』誠信書房、一九七九年、五〜五三ページ。
（8）諸富祥彦『生きがい発見の心理学』（上）、日本放送出版協会、二〇〇二年、七八ページ。
（9）四摂事。『雑阿含経』巻二六、『大正大蔵経』巻二、一八五ページ上。
（10）中村元訳『ブッダのことば　スッタニパータ』岩波書店、一九八四年、三七ページ。
（11）同書、三七ページ。
（12）同書、三八ページ。
（13）『佛垂般涅槃略説教誡経』（仏遺教経）、『大正大蔵経』巻一二、一一一一ページ下。
（14）同。
（15）暉峻淑子『豊かさとは何か』岩波書店、一九八九年、二三五ページ。

(16) 大石繁宏『幸せを科学する』新曜社、二〇〇九年、一六七～一七三ページ。
(17)『日蓮大聖人御書全集』創価学会、一一七三ページ。
(18)『大白蓮華』聖教新聞社、七一九号、六八ページ。
(19) 中村元訳『ブッダのことば　スッタニパータ』岩波書店、一九八四年、五七ページ。
(20) 同書、五八ページ。
(21) 同書、五八ページ。
(22) 同書、五八～五九ページ。
(23) 同書、五八ページ。
(24) 同書、五八ページ。
(25) 中村元『原始仏典Ⅱ　人生の指針』東京書籍、三四ページ。
(26) 中村元訳『ブッダのことば　スッタニパータ』岩波書店、一九八四年、五八ページ。
(27) 同書、五八ページ。
(28) 同書、五八ページ。
(29) 同書、五八ページ。
(30) 池田大作「平和の天地　人間の凱歌」（第33回ＳＧＩの日・記念提言）、創価学会広報室、二〇〇八年、四七～五〇ページ。

第2章　新しい地球文明と生命価値経済システム

八巻節夫

1　物質文明の黄昏

産業革命以来、２５０年もの間、人類は自然資源・エネルギーを駆使し、科学技術の粋を尽くして物質的豊かさを求めてきました。自然を犠牲にするこうした高エントロピー文明の結果、地球環境の破壊、貧困や格差問題、凶悪犯罪、自殺や交通事故、いじめや無縁社会など社会病理現象をもたらしています。１９７０年代半ば以降、人々は物的豊かさよりも心の豊かさを求める比率が上回り、この差はますます広がるばかりなのです。幸福の実感はむしろ低下さえしているのです。これが産業革命以来人類が営々と努力し求めてきた結果であるとしたら、人類の進歩などとてもとても言えたものではありません。

エントロピー（熱力学）の法則とは、「宇宙における全エネルギーの総和は一定である（第一法則・エネルギー保存の法則）、全エントロピーは絶えず増大する（第二法則）」というものです。この第一法則によれば、エネルギーは一定であり、創生することも消滅することもなく、変換することができるだけであるということであり、第二法則によれば、エネルギーは使用可能（低エントロピー）から使用不可能（高エントロピー）状態へただ一つの方向にしか変換できない不可逆性を持つということです。このエントロピーの法則は、今までの科学研究で絶対不変の真理であるといわれています。誰人もこの法則に反した生き方はできないのです。

ところが、現代物質文明を支えてきた市場経済システムや伝統的経済学は、こうしたエントロピーの鉄則に反し、ただ闇雲に物質的な豊かさを追い求めてきたと言えます。人間の物質的欲望を最大限に満たすことが人生の目的であり、富をたくさん蓄積し、消費することが人を幸福にする道であり、それを可能にした人が成功者だと考えて疑うことがなかったのです。また、環境を技術革新によって都合のいいように変えて、自然から富をできるだけ引き出すことが人類の進歩であると思い込んできました。

世界の資源消費の推移を見てもわかる通り、これだけ地球環境問題が叫ばれていても、この高度な資源消費指向は一向に変わる気配を見せていません（図１、２）。商品生産・消費のプロセスで生じる、あきれるほどのエネルギーの消費の実態をみれば、エネルギーがいかに浪費されているかを知り、慄然とせざるを得ません。そのほんの一例を挙げましょう。アメリカで製造されるマフィンを例にとれば、小麦生産に消費される大量のエネルギー消費から始まり、その小麦を運ぶトラックの走行、工場での精製、強化、漂白、栄養価維持のためのニコチン酸・鉄分・チアミン・リボフラミンの投入、防腐剤・生地調整剤を添加し焼き上げ、ビニールで包装し、薄

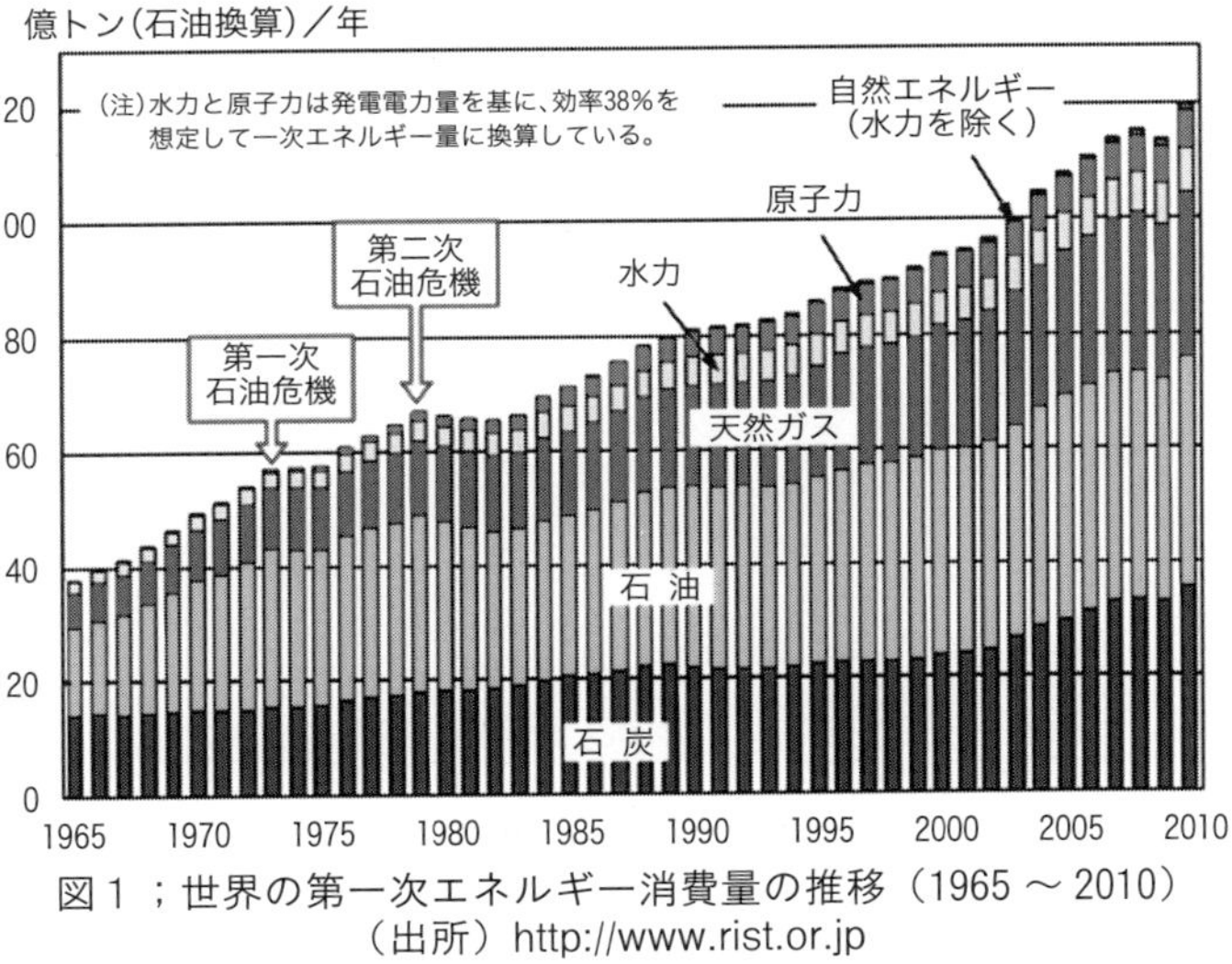

図１；世界の第一次エネルギー消費量の推移（1965 ～ 2010）
（出所）http://www.rist.or.jp

手のケースにつめ、このケースをさらにビニール袋に包み、販売店へトラック輸送し、これを自家用車で乗り付けた客が購入し、ケースとビニール袋は廃棄される。それはゴミとして収集され、焼却処分される。このような大仰なプロセスをへて得られるのは、たった130キロカロリーの一個のマフィンなのです。こうしたことがあらゆる商品についてアメリカばかりでなく、世界の至る所で連日行われているわけですから、どれほど膨大な資源が失われているか改めて思い知らされます。

　豊かさや人類の進歩が、ひとえにGDPの成長にあるという、経済界や政

■ 世界のCO_2排出量は、2030年に約1.2倍（2010年比）に増加。
■ 日米欧等のOECD諸国の排出量は減少する一方で、中印、中東等の非OECD国の排出量が増加し、全体の約７割となる。

世界の CO_2 排出量の７割は非 OECD 国となる。

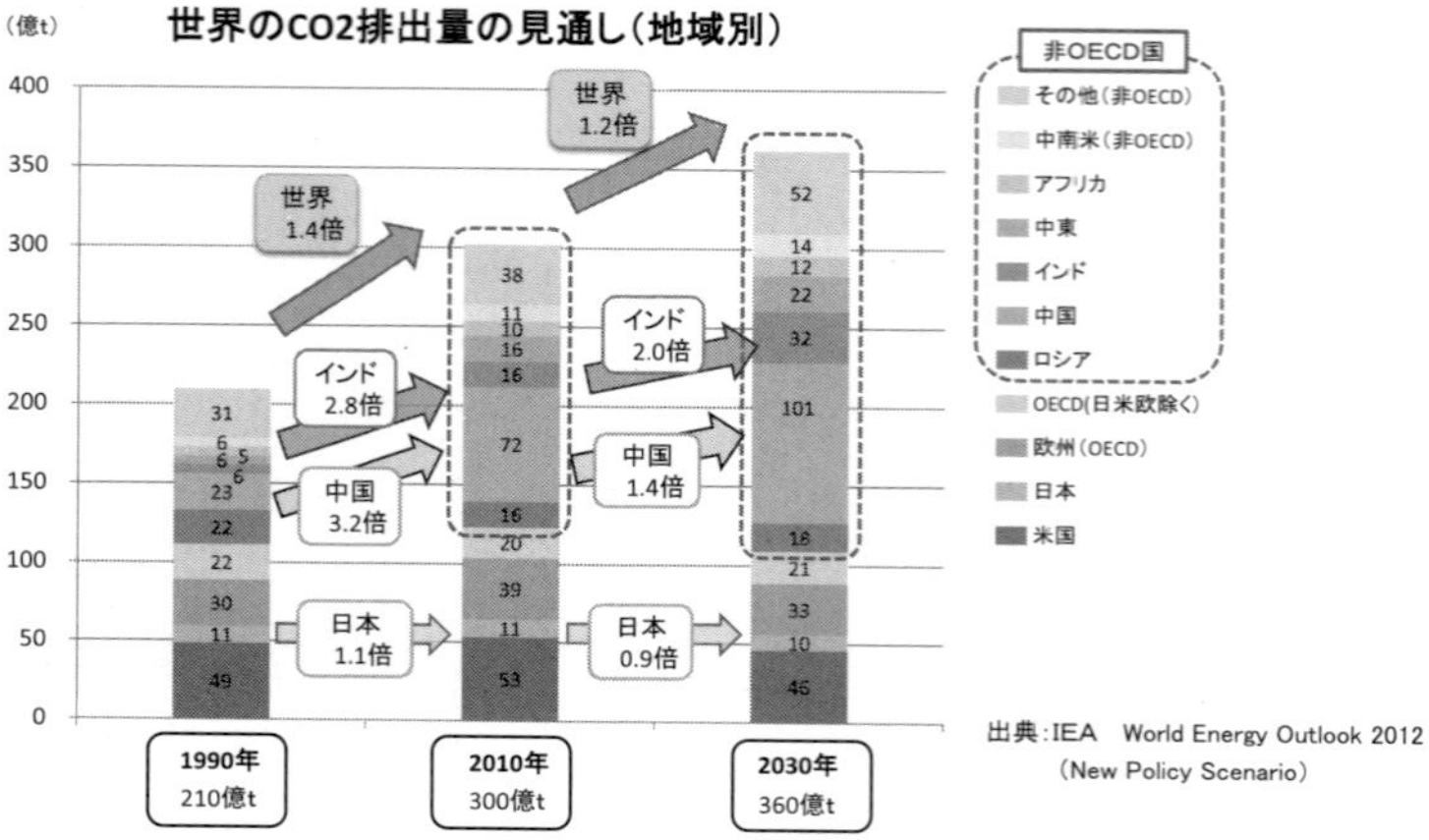

図２；世界の CO_2 排出量の推移（1990-2030）
（出所）http://www.enecho.meti.go.jp

界にまま見られる短絡は今や明確に捨て去られるべきです。貨幣で測った物的豊かさが拡大すればするほど、環境は破壊され、犯罪は凶悪化し、生きている充実感が失われ、ストレスや鬱や孤独感が増しています。ストーカー犯罪、振り込め詐欺はむしろ拡大するばかりの社会、まさに人生に希望を見いだせないさまよえる人々が増え、生命の尊厳がますます軽視されている社会なのです。これが豊かな経済社会、人類の進歩の姿だとするなら、いったい何のための文明なのでしょうか。これらが物的豊かさや快適さを享受する副産物であるとしても、その犠牲としての副産物があまりに大きくなりすぎてしまって、本来の目的を根底から崩壊させるに至っているのではないでしょうか。

こうした飽くなき欲望肥大化・快適さの無限の追求の先にあるのは、エントロピーの高進による「ヒート・デス（熱的死）」の世界でありましょう。たしかに、人間をはじめ生命体や社会システムにはエントロピーの法則に部分的に抗しうる機能が備わっている可能性も否定できないかもしれません。しかし、例えそうであっても、肥大した欲望を満たすためにエネルギー資源の絶え間ない浪費や遺伝子工学にみられるような技術による自然の人工化・乱用が、長期的には環境破壊や社会の様々な病理現象をもたらしているように、おそかれはやかれ文明社会を崩壊させてしまうことは十分予測できます。(1) 図3は、地球が環境汚染をどれだけ受容できるかを表す「エコロジカル・フットプリント」の図です。図は、グローバル・フットプリント・ネットワークが発表する毎年の各国のエコロジカル・フットプリントの数値の総計を示しています。エコロジカル・フットプリントというのは、持続可能な人間生活にどれだけの資源量を必要とするかを測るのに、生産可能な所要土地面積として表わしたものです。具体的には、①化石燃料の消費によって排出される二酸化炭素を吸収するために必要な森林面積、②道路、建築物等に使われる土地面積、③食糧の生産に必要な陸水面積、④紙、木材等の資源を供給するのに必要な土地面積などを合計した値として計算されます。[2]

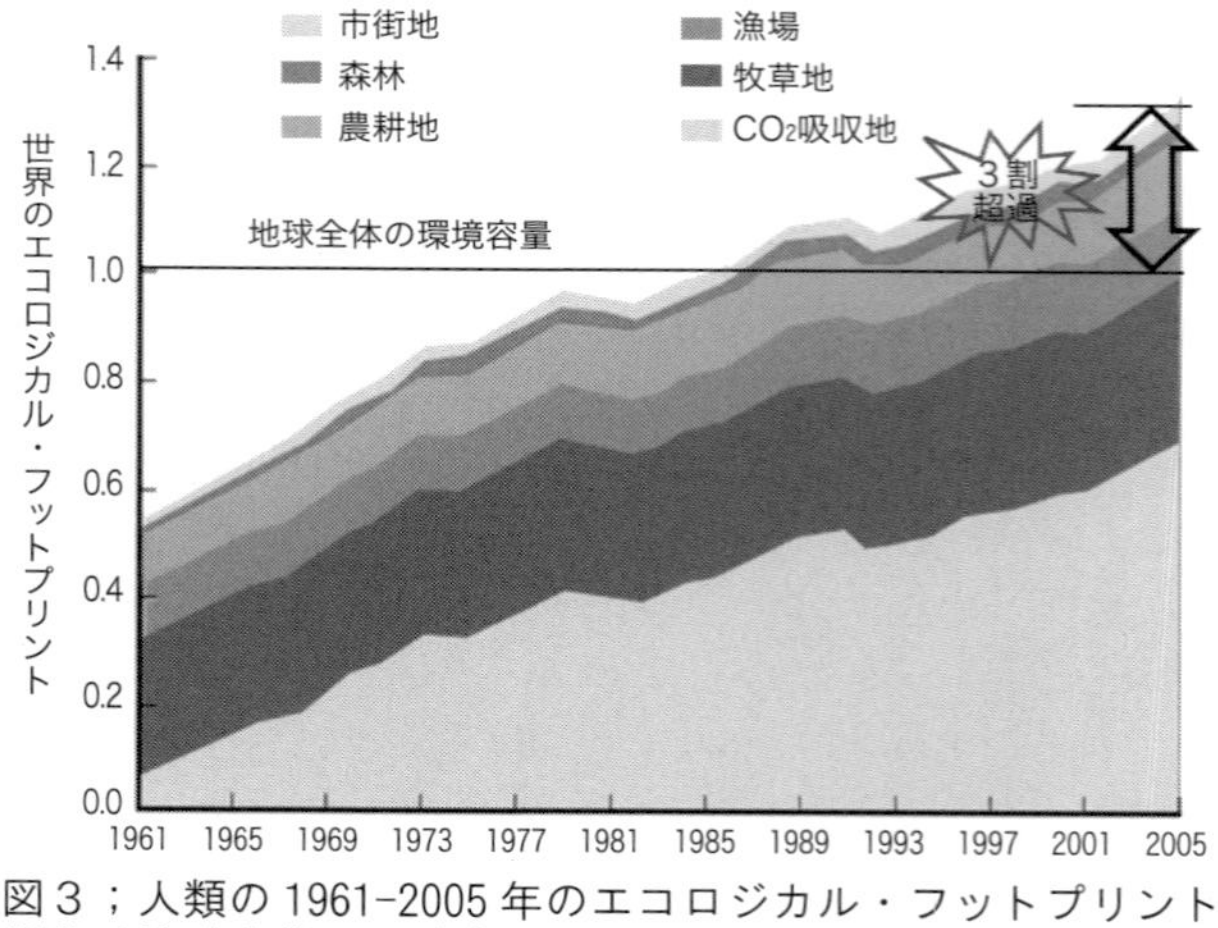

図３；人類の 1961–2005 年のエコロジカル・フットプリント
単位は地球全体の環境容量
（出所）ヴァイツゼッカー（2014）, p. 23.

図から明らかなように、２００５年にはすでに人類の資源消費は地球の再生可能容量を30%も超過しており、拡大の一途をたどっているのです。もし全人類がアメリカのような生活を実現しようとすると地球が５・３個必要であるとされています。

地球環境破壊、エネルギー枯渇問題や原発問題など高エントロピー文明が行き詰まりを見せている現在、われわれはこのまま惰性的に物質文明軌道を突っ走って行っていいのか、低エントロピー社会のもとに質素ではあるが真に豊かで幸福な社会を目指し、文明転換を図るべきなのかの選択に迫られているといってよいでしょう。法華経の比喩に「三車火宅」の譬えがあります。欲望の火に包まれていながら、それに気づかずに、あるいはたとえ気づいても何とかなるとの思い上がりから、貪欲に身をまかせ遊びほうけている現代人の姿は、この譬えにでてくる「火宅の子ども」の姿そのものと重ね合わせることができるのではないでしょうか。

経済システムの究極の目的は何か。それは「生以外に富は存在しない。生というのは、そのなかに愛の力、歓喜の力、讃美の力すべてを包含するものである。最も富裕な国というのは最大多数の高潔にして幸福な人間を養う国」とのラスキンの言葉[3]に見られる生き生きと生きる社会の構築にこそあるのではないでしょうか。

以下で、人間生活にとって真に豊かな社会経済システムをいかに築いていくか、そのコアとなる要件とは何かについて考察することにします。

2　市場価値から生命価値へ

高エントロピーをもたらす現代高度産業社会を支えてきたのは、市場価格システムです。この装置は、ほかのどのようなシステムよりも遥かに優れた絶妙な機能を果たしていると賞賛されています。市場原理主義者は、市場で決定されたことが最善で最も効率的であり、それについていけない者は負け組で自己責任だと突き放すわけです。市場経済が視野に入れるのは市場（貨幣）価値のある商品やサービスだけです。そして、その市場価値の総計であるＧＤＰの成長や効率のみが目指されます。しかし、このＧＤＰ拡大＝人間の幸福という思想こそ、高エントロピーをもたらす元凶であり、生態系破壊の大元なのです。このＧＤＰ拡大主義が人間の幸福をもたらすどころか、かえって社会を単調で生彩を欠いたものにしているのはなぜなのか。それは、ＧＤＰ至上主義の背景にある人間欲望の捉え方が、現実から遊離しあまりに淡白すぎるところに一因があると考えられます。

現実をよくよく観察すれば、人々が、商品を購入するときは、価格や量や実用性のみから意思決定しているわけではありません。店員の態度やサービス（もてなし）、健康や環境へのやさしさ、商品の可愛いさ面白さ、ステータス、企業が社会貢献的かどうかなど様々な心理的・態度的・倫理的要因が関わってくるのが現実です。人の欲望を形成する要因は複雑であり、ダイナミックであり、多層的です。市場価値の量的拡大＝人間幸福としてしかみない成長至上主義は、人間の欲望満足と幸福の関係性を忠実に反映しているとはいえ、結果的に、人間社会を皮相的で貧弱なものにしてしまっているのです。もはや経済の量的拡大の時代は終わりを告げていると言ってよいでしょう。

次に、市場システムの第二の欠陥として指摘しておかなければならないのは、市場経済システムでは市場価値を持たないけれども人間生活にとって不可欠な二つの領域が度外視されている点です。その一つは生態系システムであり、もう一つは家庭や地域をはじめとする共同体活動やボランティアなどいわゆるインフォーマル経済です。

第一の生態系を考慮に入れることによって、日々の経済活動はエントロピーを低下させる側面と増大させる側面との二重性を持っているという事実が直ちに浮き彫りになってきます。エントロピーの法則から明らかになる厳然たる事実は、すべての生命体は、絶えずエントロピーを増大させて生きていることです。生命体が一方向に流れるエントロピー増大の過程で滅びずに生きていられるのは、食料など低エントロピーを絶えず摂取して、増大する高エントロピーを相殺しているからであると考えられています。このプロセスこそ日常行っている「物質代謝」なのです。

他方、大熊信行（1974）は、マルクスの労働再生産表式の考えを発展させて、家計は単なる消費主体にとどまらず生命（エネルギー）の再生産主体であり、企業は商品の生産主体にとどまらず、労働エネルギー、つまり生命エネルギーの消費主体でもあるという二重性を指摘しています。この大熊のいう生命再生産の図式を先のエントロピーの観点も含めてとらえ直すと、きわめて興味深い示唆が得られるのです。つまり、企業も家計もいっさいの経済活動が生命エネルギーやエントロピーの面でプラスとマイナスの二重性を持っていることが明らかになります。

企業は食料や商品を生産することで低エントロピーの食料や生命エネルギー拡大商品を社会に供給するプラス面をもつ一方、その生産のために労働を投入することで、労働者の生命エネルギーを消費しています。同時に、様々な原材料や資源エネルギーの投入や廃棄・排出を行うことで環境エネルギーを消費し、エントロピーを増大させているのです。一方、家計は、食料や商品を消費することで低エントロピーの摂取や生命エネルギーを再生産しているのですが、一方で企業での労働を通して生命エネルギーを消費しています。また食料や商品を消費した後の排泄・廃棄を通じてエントロピーを増大させて環境に負荷を与えているわけです。このように、生命体は生きること自体、生命エネルギーやエントロピーに対するプラス・マイナスの二重構造の日々の繰り返しをしているのです。

市場システムが無視するもう一つの領域は、生活の充実に欠かすことができないインフォーマルな活動です。家庭での主婦の家事、地域共同体の様々な活動、慈善やボランティアや人との絆などは市場価値を持たないが、豊かな人生に、どれほど大きい重要性を持っていることでしょうか。市場経済はこれらが市場価値を持たないという理由だけで、完全に無視するのです。これは市場経済の重大な欠陥といわざるを得ません。こうしたインフォーマル経済活動を市場価値に計算し直すと、ＧＤＰより遥かに大きいとされるほどなのです。エドガー・カーンは、このインフォーマルな経済の方が貨幣経済より遥かに重要であり、これこそ「コア」だと言っています。(4)

3　新たな地球文明の幕開け

ヴァイツゼッカーは、著書『ファクター5』のなかで、人類は今や持続的にこの地球との関係を維持するのか、あるいはまた環境が反撃し、人類は滅亡に向かうのかの選択に迫られていると述べています。そして、環境負荷を軽減するため、持てるすべての可能性や技術を投入すれば、経済発展と持続可能な生態系が両立し、人類は滅亡を免れるとして、環境負荷を5分の1に軽減できる（ファクター5）現段階で可能な様々な技術やシステムや工夫を50の実例で示しています。[5]

例えばその一つに、「パッシブハウス」の建築工法があげられています。ファクター5の模範例とされるこのパッシブハウスの基本は、建築物そのものの断熱性と気密性を生かして、太陽光の輻射熱や地熱などを熱源とする受動的冷暖房機能です。この機能により、年間の冷暖房に必要なエネルギーは15kWh／㎡以下になり一次エネルギー消費量が（白物家電やガスなど電気以外も含めて）１２０kWh／㎡以下となることが可能とされています。こうして、パッシブハウスは同一規模の従来の住宅に対して5倍どころか10倍もエネルギー消費が節約されるというのです。

さらに、図４に示されるようにヴァイツゼッカーは、技術革新の好景気の波がもたらす長期のいわゆるコンドラチェフ景気波動を用いて、これからの第６の波まで描いています。図では、１７７０年頃以降の初期機械化（第１の波）、１８３０年頃以降の蒸気機関・鉄道（第２の波）、１８８０年頃以降の電気技術・重機械（第３の波）、１９３０年代以降の自動車、農業化学、大量生産（第４の波）、１９８０年代以降の情報通信、バイオテクノロジー（第５の波）のこれまでの５つの波に続く発展の第６の波は、資源生産性の向上、システム・デザイン、バイオミミクリー（自然界のデザインやプロセスを模倣し、

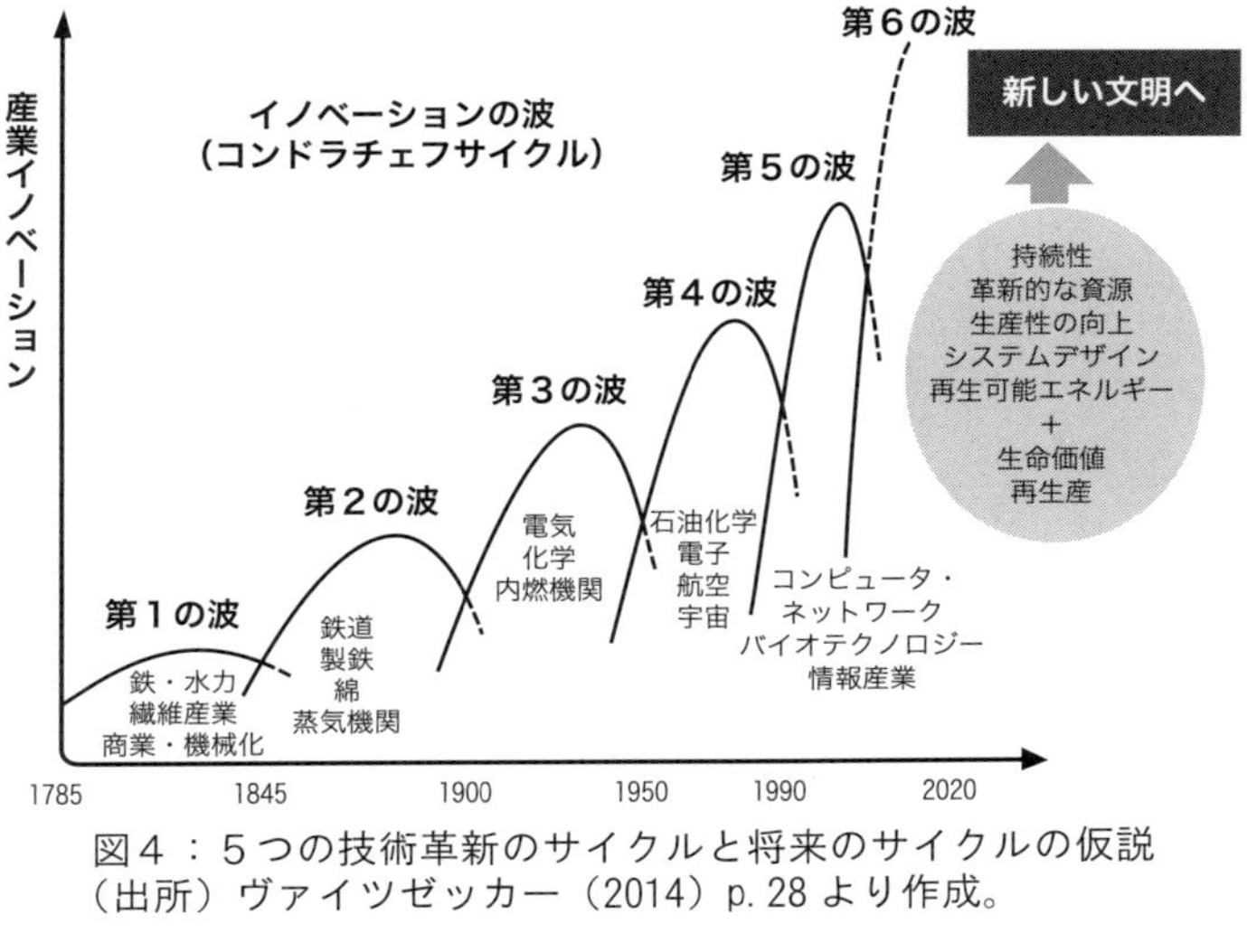

図４：５つの技術革新のサイクルと将来のサイクルの仮説
（出所）ヴァイツゼッカー（2014）p. 28 より作成。

製品化する)、再生可能エネルギーが支配的になるサイクル(グリーン・コンドラチェフサイクル)であることが示されています。

第6の波の主流は資源生産性の向上にあります。これまで資本主義はひたすら労働生産性を高めるために努力を重ねてきた。しかし、今や労働力不足のために経済の発展に歯止めがかかる時代から、資源・エネルギーおよび環境の要素が希少性を増し、それが制約条件になって経済が停滞せざるを得ない時代がやって来たのです。つまり、労働生産性よりも資源生産性が優先される時代です。資源生産性(資源効率)とは、資源・エネルギー当たりの製品やサービスの経済価値(経済価値の産出量/必要な資源・エネルギー消費量)のことです。つまり、製品やサービスの経済価値を産出するのにどれだけの資源やエネルギーが必要かを表した分かりやすい指標です。

ヴァイツゼッカーが主張するように、資源生産性が平均して5倍以上向上できれば、従来の経済成長を維持するのに5分の1の資源・環境エネルギーの消費ですむわけですので、これはある意味で地球を救う「救世主的役割」を持つことになるでしょう。しかし、それだけでは地球の持続可能性は確保できるとはいえません。最も端的には、資源生産性が5倍改善されたとしても、地球人類全体でそれを超えて豊かさを求めてエントロピーを拡大してしまえばいずれ物質文明は崩壊してしまうからです。

とはいえ、現代人は資源生産性をさらに向上させる努力をし続けていかなければならないのは間違いないでしょう。ただそれはあくまで物質文明崩壊の時期を延期させるだけの効果に過ぎないことも認識すべきです。私は、以下で述べる生命価値の再生産が同時に行われる社会システムによって、物質文明を超えた、来るべき新しい地球文明の展開が可能になると考えます。

4　生命再生産社会経済システム

前述したように、物の生産・消費は、生命エネルギーの再生産を可能にするけれども、同時に高エントロピーを産み出す原因でもあります。この二重性を意識することが大切だと考えます。私は経済循環システムを単なる商品・サービスや大熊の言うような生命（エネルギー）再生産システムとしてのみ考えるのではなく、「生命価値」再生産システムとしてとらえ、現代のゆがんだ市場経済システムをパラダイムシフトさせることを主張したいと思います。それを表したのが図５です。

ここでいう「生命価値」の生命とは、生物的生命に限定されず、また生活とか人生のように漠然としたものでもありません。ここでいう生命とは、ラスキンやニーチェの言う「生」と言った方がわかりやすいかもしれません。つまり、生命価値とは、一言で言えば、「生の増進」につながる価値の総称です。具体的には、生物としての生命の再生産のみにとどまらず、創造的欲求や美的欲求、宇宙との合一を願う宗教的欲求を満たすことで生まれる創造的価値、あるいは対話や感動などの体験的価値、ボランティア、地域共同体での協働など他者との絆から生まれる利他的行動価値、さらに物や日々の出来事に対する態度的価値（受け止め方から生じる価値）など、生命の維持ならびに生命エネルギー（生命力）を増進させる価値の総体概念です。[6]

より具体的に言えば、「生命価値」とは単に肉体としての生命の価値にとどまらず、人生の中で多様に発揮される

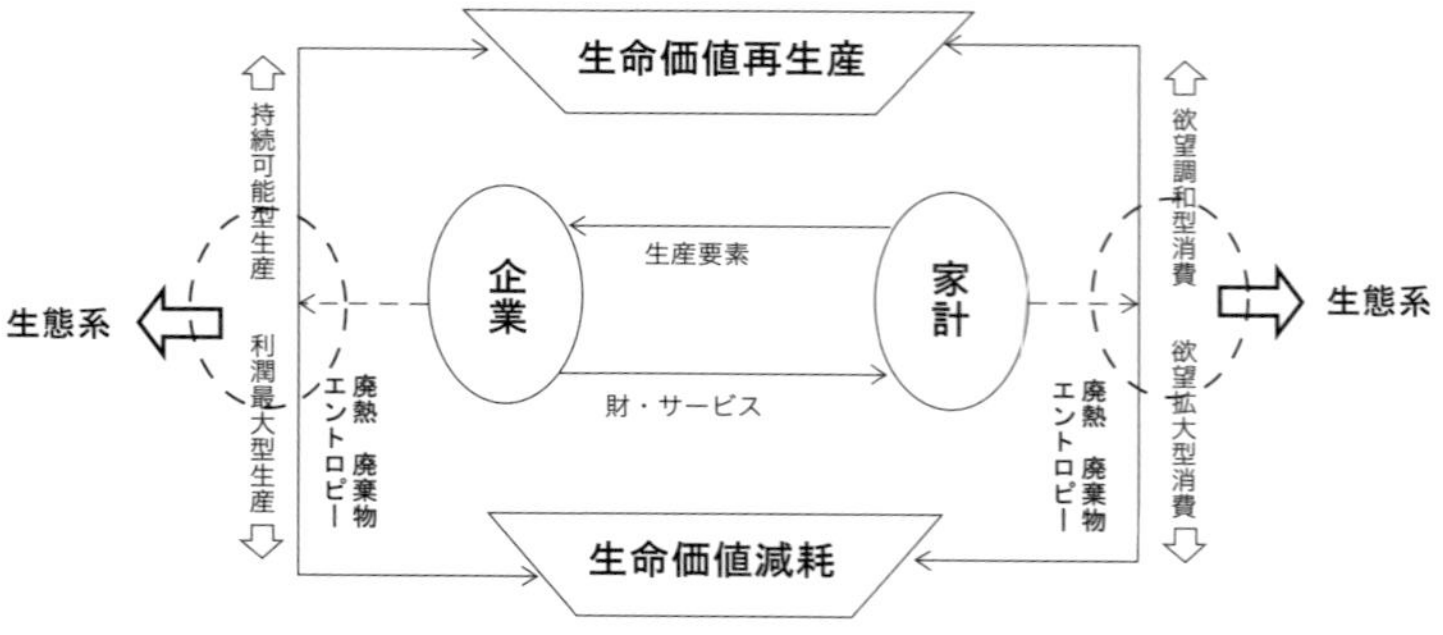

図５；生命価値再生産システム

生命力、具体的には行動力、意思力、創造力、表現力、忍耐力、対話力、愛する力、勇気や感謝や思いやり、他者を励まし支える力、社会に関わる力など、「態度的価値」を大きく高める様々な力から生まれるものです。

図における欲望拡大型の過剰消費は、高エントロピーを生じさせるだけでなく、心の充実を限りなく失わせていく生命価値喪失に通じるものです。高エントロピーの物質文明の限界が明らかとなっている現在、我々は欲望調和型、ないし生態系の許容する範囲内に生産・消費・廃棄をとどめることによって、生命価値をできるだけ増進させる生き方を選ばなければならないと思います。

玉野井芳郎は、「これからの経済学は、社会の生産と消費の関連をこれまでのように商品形態または市場の枠内でのみとらえることをやめ、改めて自然・生態系と関連させて、物質代謝の過程としてとらえ直さねばならなくなってきた。経済学史における大きい転回点といわねばならない。」と主張し、今や経済学は、「生態経済学」へ、転換の画期であると説いています。(7)

5　人間の幸福と仏法

従来の経済成果の尺度であるＧＤＰ指標は、国民幸福の指標たりえないことが指摘され、各国で国民の真の豊かさをはかる指標の開発が盛んに行われるようになっています。そんな中で興味を引くのは、「ニュー・エコノミックス財団」(New Economics Foundation＝ＮＥＦ)による「地球幸福度指数(調査)」です。ＮＥＦはこの指標調査から、過去一世代にわたって貨幣の富は増えたが、幸福度はむしろ低下していることを証明して、アメリカとイギリス両国に警鐘を鳴らしたのです。(8)

それによると、２０１２年の最新の調査では、第1位がコスタリカ、2位ベトナム、3位コロンビアとなっています。このときの調査では日本は45位で先進国では2番目(ちなみに先進国トップはイギリスの41位)、最先進国のアメリカはなんと１０５位でした。この指数は、生活の満足度、平均寿命、環境への負荷の三つの要素(生活満足度×平均寿命÷環境負荷［エコロジカル・フットプリント］)を尺度に人々の幸福度をはかろうとするものです。(9)短期間に順位が大幅に入れ替わるなど、尺度の精確さにやや疑問が感じられますが、今後、信頼性が培われ、世界に浸透していけば、各国の経済政策に与える影響は大きいものになると予想されます。

問題は、ＧＤＰの側面で大きく成長している先進諸国が、調査１５１ヶ国中、軒並み中位クラスであったことです。World Values Survey が行った「世界における生活満足度と所得の関係の調査」によると平均所得が１万米ドルを超える水準に達すると富と生活満足度の間に相関関係は全くみられなくなります。[10] また、日本の内閣府の国民生活白書調査でも、80年代央以降一人当たり実質ＧＤＰが増加すればするほどますます生活満足度が低下していく負の相関さえみられています。

もちろん、貧困国では生活の基盤が失われており、餓死や栄養不良、児童売買等、基本的人権さえ維持されていない目を覆いたくなるような現状があります。しかし、先進国でもストレス、孤独、躁鬱など精神疾患、凶悪犯罪、児童ポルノ、多発する交通事故、生活習慣病の蔓延等々、富裕国故の貧しさもあるのです。

経済学は、これまで幸福を考察対象から意識的に外してきました。幸福は、測ることができないし、人によって異なるというのがその理由です。経済学は、それに代わって「効用」を分析対象にしてきました。ただし、そのためには、効用の基数的な測定はできず、あくまでも序数的な分析に限られ、しかも他者との効用の絶対量の比較を問題から外しました。その結果、確かに人間の財の消費による満足度（効用）を分析対象として、人間生活をうまく説明するのに役に立つ道具立てとして経済学の中心に据えられたのです。

しかし、近年、幸福も客観的分析が可能であるとして、社会学や心理学や政治学などの協力を得て経済学でも幸福を取り扱う傾向が増えてきました。それと同時に、測定できる市場価値あるものだけを対象にし、個人を私利私欲の最大化だけを目指す「合理的人間像」ととらえる新古典派経済学に対する批判が噴出しているのです。新古典学派およびそれに基づく計量経済学は、確かに理論的には精緻な象牙の塔を作り上げることに成功しましたが、人間の現実生活からかけ離れた架空の世界の物語であるとして批判されているのです。アマルティア・セン（１９８９）も指摘しているように、人間は決して私利私欲を追求することのみを行動規範としている「合理的愚か者」（経済学で想定している合理的経済主体）ではなく、コミットメントやシンパシーも個人的利益と同等にあるいは時にはそれを超えて発揮することで幸福を感じるものです。

図6は、仏法的生き方と生命価値創出のプロセスの関係について説明したものです。われわれは、モノやサービス、お金や仕事、日々の出来事、対人関係や制度・規則などの社会的

関係の中で人生を送っています。そうした中で生命価値を産み出すためには、こうした人生におけるモノや出来事や関係性をいかに受け止めるかという、生命主体の「態度的価値」（ビクトール・フランクルの言葉）が決定的です。実は「仏法的生き方」は、この態度的価値を高めるのに大きな影響を持つのです。ではこの仏法的生き方とは何か。大乗仏教には、態度的価値を高める生き方を示し、実践する数多くの教えがあります。

例えば、「煩悩即菩提」、「少欲知足」、「生死即涅槃」、「娑婆即浄土」、「転重軽受」、「一切衆生悉有仏性」、「即身成仏」、「縁起論」、「依正不二」、「色心不二」などが直ちに浮かんできます。これらの言葉は、何を訴えているのでしょうか。それは、人生の途上で生じる生老病死の様々な出来事は、すべては自己

仏法と幸福人生

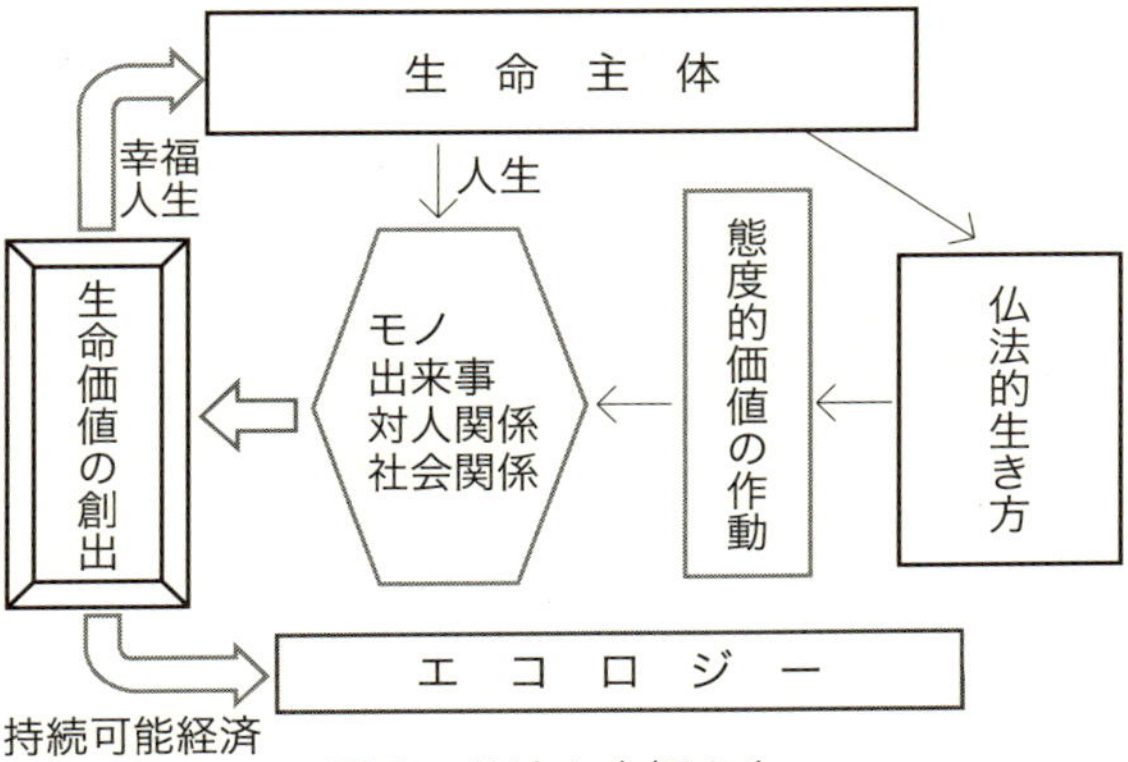

図６；仏法と幸福人生

の仏性を顕現するための試練であり、契機であり、人生の意味を深め、人間として自己成長し、自他共の生の充実、歓喜を高めるためにあるのだということを教えているものです。ビクトール・フランクル流にいえば「態度的価値」を高める生き方です。まさにこうした生き方こそが実質的な幸福をもたらすものだと思います。[11] もちろんマズローの心理学の5段階説にあるように、幸福な人生のためには、経済的安定や健康など生理的欲求や安全欲求が充たされる必要があることはいうまでもありません。幸福は、こうした「生存の欲求」を基本に「態度的価値」を高めることで得られる生命価値の増進にあると言ってよいのです。

6 「生命価値創出モデル都市」としての「クリチバ」からの教訓

ブラジルの南部にあるパラナ州の州都「クリチバ」は、「ひとが中心のまちづくり」を実現させた数々の実績に対して、「環境政策のオスカーともいわれる」国連環境プログラムとして表彰された「ゴミ買いプログラム」をはじめ、アメリカの国際省エネルギー協会、日本の花博、世界環境会議などから表彰されています。注目度の低かったこのクリチバという都市が、実は驚くべき知恵とアイデアに富んだ政策を次々と打ち出しことごとく成功させ、今や希望の都市として世界から脚光を浴びているのです。こうした様々な成果に通底する共通メッセージは、クリチバを世界の模範都市にまで引き上げた中心人物であったジャイメ・レルネル市長個人の持つ不動の信念です。それは、「都市は自動車ではなくて、人間のためにあるべきであるという強い信念」であり、「都心には、すべての人々が集まり、楽しめるような空間がなくてはならないという確信」でありました。[12]

レルネルが市長になった１９７１年のブラジルのほとんどの都市では、人口急増、犯罪、麻薬、貧困、失業、汚染、病気、低い教育水準や識字率、交通渋滞、汚職などあらゆる都市問題を抱えていた。クリチバも同じような悲惨な状態であったが、わずか33歳で市長に選ばれたレルネル市長やその継承者たちの強い信念とリーダーシップと活力にあふれた市民が連携して、ほぼ30年間で環境、教育、治安、健康、共同体意識、都市デザイン、社会福祉などの分野で輝かしい成果を実現しているのです。

以下では、その人間都市クリチバの成功の具体的事例をいくつか紹介しましょう。

（1）「幹線バス・システム」を中心とする「交通計画」と「土地利用政策」の統合

多くの都市計画で失敗するのは都心に車が集中するのを緩和するために、道路の拡幅を図ることです。しかし、道路を拡張すれば、ますます車の流入が増え、終いにはこれ以上打つ手をなくしてしまいます。これは人間ではなく車を優先させる誤った手法です。レルネル市長は、その逆のこと、つまり都心に向かう道路に一般車が入れないようにしたのです。当初は地下鉄の導入も検討されましたが、予算や技術不足のため断念し、バスの導入を実施しました。そしてこのバス・システムに地下鉄と同じ機能を持たせたのです。つまり、道路の中央に上下二車線のバス専用道路を合計４本（後に５本）都心から放射状に伸ばしたのです。ユニークなのは、民営のバス会社に対してどの区間も同一料金であるバス賃から上がる売上金を、乗客数に応じてではなく、走行距離数に応じて配分していることです。こうすれば、できるだけ多くの乗客を乗車させて稼ぐための競争（バスは時間通りにこない現象を引き起こし、バス利用率を結果的に減らす）ではなく、できるだけ多くの本数を走行させる競争が起こるわけです。一方、商店への積み荷を運ぶ商業車は、バス専用道路の左右の両側に速度規制で走らせました。

さらに、このバス・システムのユニークな点は、それが土地利用政策と連動していることです。バス専用道路を中心に、その外側には、商業地域、住宅地域、農業地域などゾーニングされた区域があります。その最も外側には単に通過するだけの一方通行の車線を設けています。そのゾーニングの方法ですが、中央のバス専用路線およびその隣の速度制限の商業車道路に隣接する程度に応じて外に向かって容積率を減らしていくやり方をとったのです。この中央通りに最も近いところは高層・高密度、そこからはなれたところは中層、最も外側は低層・低密度住宅となって広がっています。こうすることで、都心だけが発展してにぎやかなのではなく、５つの幹線バス路線沿いに放射状に発展していく回廊状の「発展軸」という構想が実現し、都心の過密を回避していったのです（図７参照）。

このバス・システムは実に人間を大切にしている工夫に満ちています。バスの種類は機能に応じ５つあり、その中で幹線軸を走るエクスプレス・バスの停留所はモダンなチューブ型になっています。停留所に入る前に料金を支払う（チューブをでない限り何回乗り換えても一定料金）。チューブ型のドアとバスのドアが同時に開き（スクリーン・ドア）、その

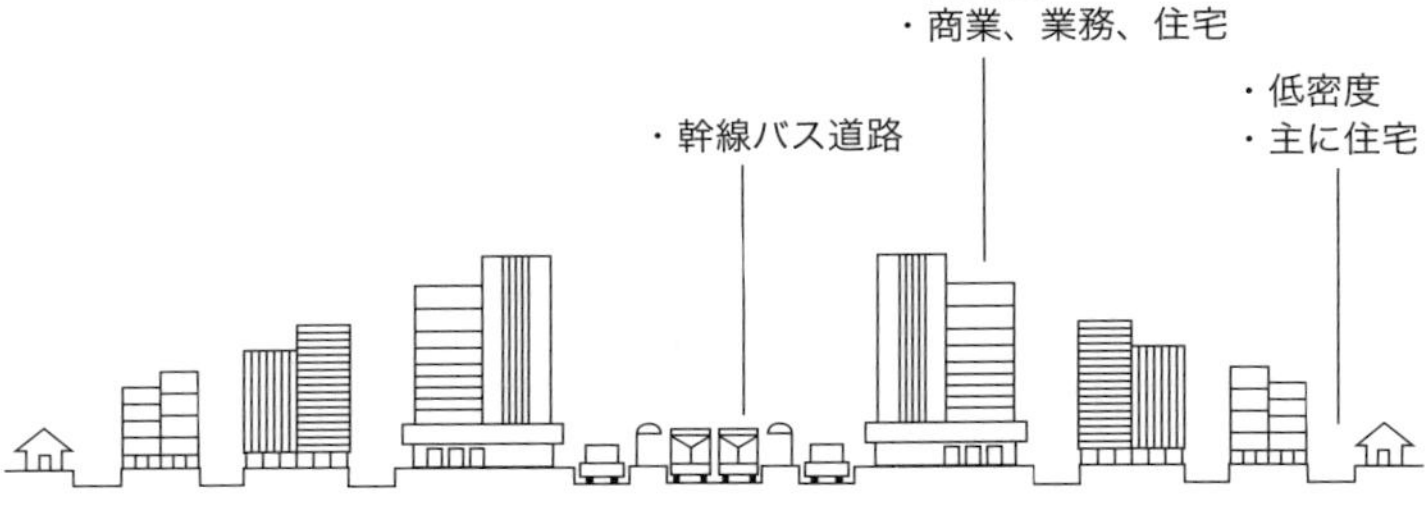

図７；クリチバ市のバス・システム
（出所）服部圭郎（2004), p. 52.

プラットフォームはバスの乗降口と同じ高さになっており、乗り降りはスムースに行われます。このため、バスの乗降にかかる時間が従来のバスと比較して、3分の1に短縮されています。またコスト面でも18％も節約できました。また、このバス・システムの導入でおよそ50％もエネルギー節約が可能となったとされています[13]。

また、各バスターミナルには計7つの「シティズンシップ・ストリート」と称する複合公共施設区域があります。ここには、公共施設の他に店舗、美容院、薬局、書店、銀行、ビデオ店、郵便局、スポーツ施設などもある。こうして、都心に行かなくとも役所の窓口ばかりでなく、たいていの用事はここですんでしまうようになっています。また、このターミナルにはクリチバのどこから行っても５００メートルの徒歩でいけるように設定されています。

都心には、「花通り」というクリチバで最も魅力的とされる歩行者天国の都市空間があります。正式には「11月15日通り」というこの歩行者天国ができた経緯ほど、都市は車でなくひと中心であるというレルネル市長の理念の真骨頂を示すエピソードはありません。レルネル市長以前は、そこは高架道路建設工事が予定され、大量の車が通れるように幅広い道路を敷設する計画が進もうとしていたのです。クリチバのこの中央通りを歩行者天国にすることに商店主たちは当初、車の往来が途絶えることで売り上げが減るとして市を訴えるとまで反対していました。しかし、市長は強権発動によって、僅か48時間で玉石をしき、街頭やキオスクを設置し、数万株の花を植え、車道を歩行者天国に衣替えしてしまったのです。反対する自動車クラブの会員が集団でそこに乗り入れようとしたが、そこで目にしたのは、座り込んでいる大勢の子どもたちの姿です。子どもたちは、用意された通りを覆う大きなロール紙にお絵描きをしていたのです。その後、そこは活気あふれるクリチバの名所となり、世界でも賞賛される都市景観を醸し出しています。商店の売り上げも大きく増えて、店主たちはさらにその拡張工事を市に請願したというのです。クリチバではこうした歩行者天国は今では20ブロックにまで広がっています。⑭

（２）環境政策

クリチバのもう一つの注目される点は、数多くの広大な公園を中心に市域全体での緑地が多いということです。街路樹も含めると一人当たり51・5平方メートルあり、世界第２位です（日本の場合は、東京都ではわずか５・５平方メートル）。こうした緑地政策の根底には、「将来も含めた市民のための緑地」の理念が流れています。従って、樹木１本に至るまで大切にする政策が徹底されています。

樹木の伐採禁止条例があって、クリチバ市のシンボルのパラナ松の場合、1本伐採すれば新たに4本の植樹が義務づけられています（通常の樹木の場合、1本の伐採に対して、2本の植樹）。罰則ももうけられていて、パラナ松1本を無断で伐採した場合は、2万円以上の罰金を支払った上、規定通り4本のパラナ松植樹が義務づけられているのですから、相当な徹底ぶりです。このように緑地政策ばかりでなく、クリチバ市のすべての政策に共通するのは、徹底した実践性なのです。

もう一つ紹介しておかなければならないのは、「ゴミでないゴミ」プログラムです。これは1989年から始められたゴミ分別作戦です。それまで、市民にはゴミ分別収集という概念が皆無でした。人口が100万人を超えるあたりからゴミ処理場は満杯状態になりました。新たにゴミ処理場を作っても一時しのぎであるし、第一その予算がありません。ゴミの構成を調べるとその圧倒的な部分が紙やプラスチックや缶などであり、残りは生ゴミです。そこで考えられたのがゴミ分別収集ですが、しかもそれを予算のかかる処理場での分別ではなく、市民の力で行うというものです。ゴミ分別の観念のないブラジル人を動かすためにとった作戦が、教員や子どもに対するゴミ教育です。子どもの意識が高まり、親も子どものいうことを聞かざるを得なくさせたのです。この効果はてきめんで、90年に5千トンほどであった回収ゴミが、98年には1万7千トンと3倍を超えたのです。

独自の環境政策のもう一つが「ゴミ買いプログラム」です。これは、河川敷とか森林などに作られていく不法占拠区域（ファーベラ）[15]のゴミ収集作戦です。道路の狭いこの地域には、ゴミ収集車が入れないので入り口のゴミトラックのところまで、分別ゴミを持ってくれば、バス・チケットや現在は野菜と交換するようにしたのです。これも大いに効果を発揮していきました。交換する野菜や果物も、農産物の過剰生産で悩んでいた農民から安く仕入れたものですが、栄養の行き届かないこうした「ファーベラ」やその他の低所得者層は、嬉々としてゴミを集めるようになったといわれています。これは、ゴミ収集という環境政策ばかりでなく、同時に貧困対策という福祉政策を実現させているのです。このように、これは「お金を節約して、それ以外の付加価値を産み出すというクリチバのお家芸」と言え、上述したように、国連環境プログラムとして表彰されたものです。

(3) 徹底した「社会的包摂政策」

人を中心とした都市政策として最も評価できるのは、「社会的包摂政策」の徹底です。この点は、生命価値創出の点でも高く評価できます。都市の最大問題は、経済的・社会的に置き去りにされ、差別され、まちの中で孤立する人々が増大することです。それは、主として貧困、失業、ホームレス、孤独な高齢者のみに限らず、社会生活の中で誰にも頼れる者がいないさまよえる子どもや若者たちを増やすのです。都市には、そうした人たちを排除し、蔑《ないがし》ろにする、あるいは関係ないとして無視する傾向があります。

クリチバでは、レルネル市長以降、そうした人たちを社会に参画させ、活躍させ、受け入れてたち直させる様々な施策が行われています。先述した「ゴミ買いプログラム」もその一つです。また、「ピア・アンビアンテール」（環境に優しい子どもの意味）と称する学校に隣接した寺子屋のような保育所があり、２歳から14歳までの子どもたちを対象に、「環境教育、野菜作り、ヤギの乳搾り、読書、サッカー、絵描き、工芸品作り[16]」などを教えています。学校に給食がないので、ここでは、食べ物まで提供しています。このような取り組みは、親子とも安心して過ごせる場所の提供にとどまらず、貧困で栄養不足になりがちな子どもたちの健康も守っています。その相乗効果で、子どもたちが犯罪に陥るリスクを閉ざしているのです。

さらに、こうした社会的包摂の徹底ぶりを物語るプログラムに、不法占拠者に対して、市が長期の低利融資サービスを提供していることがあげられます。これを利用して、貧困な家庭が、自分の土地と建材を購入し、小さいながら自分の家を建設するプログラムです。将来、家を大きくできるように建築基準を柔軟に適用できるようにしてあります。２階が住居、１階が店舗といった家がたくさん集まって、「商業村」が構成され、スラム街を一変させています。さらに、各家庭に１区画の土地、不動産権利証、建築資材、２本の樹木、建築家による建設アドバイス・サービスまでついた「自力建設プログラム」もあります。このように、排除ではなく社会的包摂の徹底により、「居住者に自尊心を育み、地域社会に根を下ろそうとする積極的な市民意識が芽生えていった[17]」のです。

以上のように、クリチバの独創的な都市計画構想によって、交通、住宅、ゴミ、犯罪、健康、職業と教育などに噴出する都市問題を、総合的な視点で捉え、徹底した「人間のための都市づくり」を粘り強く押し進めることで、市民の間には強い共同体意識が育まれ、生活の活気がみなぎる都市が生まれでたのです。これは、豊富な森林や広大な公園、多様な教育プログラムによって生命を育み、徹底した社会的包摂プログラムによって生命の多様性を尊重し、夢あふれる都市政策によって、生きる意味を高めてくれる生命価値創出社会を目指す一つの大いなる実験と言えないでしょうか。

もちろん、クリチバは一つの方向性であり、他の国や地域でそっくりクリチバのまねをしてもそれは無理です。また、クリチバも現在なお途上であり、主として他の地域からの大量の人口流入が麻薬や犯罪、交通渋滞などを一部引き起こしている現状があります。この点は、自己の地域だけの満足を実現させても、同時に広域的な視野を持ったグローカルな政策を実行していかなければ、結果的に十全なものではなくなることを示しています。ただクリチバのこれまでの都市政策の手法は、社会の目指す方向性として多くの点で示唆に富んでいることは間違いありません。

6　来るべき地球文明の基本要因

リフキンが言うように、「高エントロピーから低エントロピーへ移行することによって、私たちの価値観、文化、経済的・政治的制度、さらには日々の生活までもが変わってしまうであろう[18]」。従来の大量生産・消費・廃棄経済をもたらす物質文明は次第に影が薄くなり、生態系を重視した新たな地球文明が主流になっていくのは、もはや時間の問題と言って過言ではありません。しかし、それはエネルギー構成を化石燃料など再生不能エネルギーから太陽エネルギーなどの再生可能エネルギーに転換するだけで自動的に実現するものではありません。

それでは以下で、低エントロピーを基調とし、生命価値を増進させる新しい地球文明はいかにしたら実現するのか、その要件とは何か、を考えてみましょう。

第一は、エネルギーを更新不可能なものから更新可能なものにできるだけ転換するようにし、経済成長を生態系が許容する範囲内に抑えることです。これがまず求められます。

第二は、ヴァイツゼッカーが主張するように、資源エネルギーの生産性を技術的に可能な限り、高めていくことです。地球温暖化が今後ますます亢進していけば、人類はいずれこの可能性を追求せざるを得なくなるものと思います。

第三は、シューマッハが言うような中間技術の開発、コンパクトシティ、地産・地消・地域通貨、地方分権など地域の中で人・物・金が循環する経済、そしてＧＤＰに顕在しないインフォーマル経済を重視し、人とのふれあいが可能な顔が見える規模の経済の実現です。こうした領域の問題について生の充実の観点から欠かせないのは女性の発想と行動の重視です。地域共同体のエンパワーメントのためには、女性の生命を尊重する現実的で忍耐強い行動がぜひとも求められるでしょう。

次に、第四に、ニュー・エコノミクスや内閣府が試みているようなＧＤＰに代わる国民幸福・福祉指標の開発とその浸透を図ることが求められます。そしてこの指標がＧＤＰよりも優位な指標として社会で評価されることが大切です。さらに従来の生産性のように、単に時間当たりあるいは労働や資本単位当たりのＧＤＰではなく、今後はエネルギー消費単位当たり、あるいはもっと直接にエントロピー単位当たりのＧＤＰ指標が求められてきます。

第五に、社会的に公正なエネルギーの配分が実現されることです。低エントロピー社会を築くには、自分ないし自国だけがエネルギーを多く消費しても地球全体に影響はあるまい、といった「共有地の悲劇」をいかに解決できるかが重要な鍵を握るのです。生態系は人類共有の財産ととらえることが重要です。エネルギーの独り占めを許さず、少ないエネルギーを社会のすべての人々に再分配する公正なルール・政策の策定も求められる。これはエネルギー問題に限定されません。地球生態系そのものが地球に生きるすべての人類のいわば「公共財」なのです。ここに、牧口初代会長の時代予言である「慈悲の心による人道的競争」の持つ重大な意義があると思います。

最後に、これが最も重要ですが、人々の生き方の変革があげられます。社会のエネルギー基盤として太陽エネルギーなど更新可能なものを中心にすることは、これまでの高エントロピーの産業社会の持続を確実に困難にします。その実現のためには、経済社会の隅々まで根本的変革が必要になると思います。人々の倫理意識は、少ないエネルギーの消費が価値あるものとなり、過剰なエネルギーの消費は反社会的行動であると見なされるように変わっていきます。「足るを知る」人生のためにも、直面する「生老病死」の諸相をプラスの態度的価値でとらえ、そこから「生命価値」を創出する生き方や意識変革がますます求められてくるでしょう。結局、こうした生き方の変革こそ新たな地球文明を実現させる根本であろうと考えます。新たな地球文明の秩序は、人間の生き方（ライフスタイル）の変革を根底に、意識、科学、教育、思想宗教、産業経済基盤そのものを総体的に変革することによって構築されるものです。

私は、従来の科学や教育にみられるような価値相対（中立）主義、主客二分、個別要素分離のスタンスを見直す時が来ていると思います。それはしかし、絶対的価値を押しつけ、自由な発想の余地を狭めるような危険につながってはなりません。そうではなく、それぞれの発想の多様性を認めながらも、それらを包括できる地球人類をつなぐ共通の知軸を求めるべきです。最も包摂的な思想として現段階において仮に措定するとすれば、それは「生命尊厳思想に基づく生命価値の増進」と言えないでしょうか。それは地球人類の生きる道であり、未来世代にも継承できる道であると思います。

池田ＳＧＩ（創価学会インタナショナル）会長は、第38回（２０１３年）ＳＧＩ記念提言において、単なる「生命尊厳」という抽象的なスローガンに終わるのではなく、一歩踏み込んで、（１）他者と苦楽を共にしようとする強い意志、（２）生命の無限の可能性に対する信頼、そして（３）多様性を喜び合い、守り抜く誓い、の三つの側面に、生命尊厳の具体的実践の要件があると指摘しています。新たな地球文明のあり方が求められ、宗教・文明間対話が模索されている現在、このような具体的提言の意義は大きいものがあると思います。

参考文献

Ｐ・Ｗ・アトキンス（１９９２）『エントロピーと秩序――熱力学第二法則への招待――』（米沢富美子・森弘之訳）日経サイエンス社

池田大作（１９９６）『21世紀文明と大乗仏教』（海外諸大学講演集）聖教新聞社

大熊信行（１９７４）『生命再生産の理論』東洋経済新報社

Ａ・セン（１９８９）『合理的な愚か者――経済学＝倫理学的探究――』（大庭健、川本隆史訳）勁草書房

高瀬浄（１９９４）『知軸の変換――近代合理主義と東洋思想――』日本経済評論社

高瀬浄（２０１０）『近代産業文明の黄昏――人間の時代の目指しを求めて――』芦書房

玉野井芳郎（１９９０）『生命系の経済に向けて』（槌田敦／岸本重陳編／玉野井芳郎著作集2）学陽書房

服部圭郎（２００４）『人間都市クリチバ――環境・交通・福祉・土地利用を統合したまちづくり』学芸出版社

B・S・フライ、A・スタッツアー（２００２）『幸福の政治経済学』（佐和隆光監訳）ダイヤモンド社

H・ヘンダーソン（１９８３）『エントロピーの経済学』（田中幸夫・土井利彦訳）ダイヤモンド社

P・ホーケン、A・B・ロビンス、L・H・ロビンス（２００１）『自然資本の経済』（佐和隆光監訳）日本経済新聞社

D・ボイル、A・シムズ（２０１０）『ニュー・エコノミクス――GDPや貨幣に代わる持続可能な国民福祉を指標にする新しい経済学――』（田沢恭子訳）一灯社

J・ラスキン（１９８０）「この最後の者にも」（飯塚一郎訳、五島茂編『ラスキンとモリス』第6版所収、中央公論社）

J・リフキン（１９８２）『エントロピーの法則』（竹内　均訳）祥伝社

J・リフキン（１９９３）『地球意識革命』（星川淳訳）ダイヤモンド社

安田喜憲（２００８）『生命文明の世紀へ』第三文明社

八巻節夫（２０１０）「地球環境問題に対する経済学からの三つの論点」『東洋学術研究』第49巻第2号、１９６―２１２頁、東洋哲学研究所

E・U・ワイツゼッカー他（2014）『ファクター5』（林良嗣／吉村皓一訳）明石書店

注

（1）現代物質文明は、全体として顧みれば、「統合より自己主張、総合より分析、直感的知恵より論理的知識、宗教より科学、協調より競合、保護より拡大を好んできたのである。この一面的な発展は、今やきわめて危険な段階に到達し、社会的、生態的、倫理的、精神的次元の危機を招いている」。F・カプラ『タオ自然学』iii頁

（2）「エコロジカル・フットプリント」の語源は、「地球の生態系を踏みつけた足跡」に由来します。

（3）J・ラスキン（1980）、144頁

（4）D・ボイル、A・シムズ（2010）、243頁

（5）ヴァイツゼッカーは、エネルギー効率を4倍にする20の事例、資源生産性向上のための15の事例、水資源生産性向上の5つの事例、運輸分野の効率向上の10の事例を挙げています。ワイツゼッカー（2014）、40－41頁

（6）もちろんニーチェも言うように、生を生き抜いてきた者のように生について知り尽くした者でなければ、「生の価値」などうかつには使えない言葉かも知れません。今後研究を深めたい分野ですが、現段階では上述のように仮に措定しておきたいと思います。

（7）玉野井芳郎（1990）、18頁

(8) D・ボイル、A・シムズ（２０１０）、80頁、３３８−３３９頁

(9) 世界幸福度ランキングについての資料はこのほかに国連の世界幸福度報告書（World Happiness Report）があります。これによると、２０１３年度で、１．デンマーク、２．ノルウェー、３．スイス、４．オランダ、５．スウェーデンの順位であり、日本は43位、アメリカは17位でした。この幸福度指標の内容が、①一人当たりＧＤＰ、②平均健康余命、③頼れる人がいる、④人生の選択の自由度、⑤汚職のなさ、⑥社会的寛大さ、であり環境汚染が入っていません。

(10) Ｂ・Ｓ・フライ、Ａ・スタッツアー（２００２）、１１２頁

(11) 「仏法的生き方」をしているのは、何も信仰者に限ったことでないことは言うまでもありません。ここでは、仏法の概念が示すのと同じような信念で生きている人生の基本的姿勢を指して言っているのです。

(12) クリチバについての参考文献のうち、ここでは主として、服部圭郎（２００４）およびＰ・ホーケン他（２００１）によりました。

(13) 服部圭郎（２００４）、84頁

(14) Ｐ・ホーケン、Ａ・Ｂ・ロビンス、Ｌ・Ｈ・ロビンス（２００１）、４５７頁

(15) クリチバには、「ファーベラ」と称される不法占拠居住地があり、貧困、犯罪、不衛生、ゴミの不法投棄の温床になっています。クリチバ外の地区から移民が流入して来て、公園や河原や私有の森林などに不法に居を構え、定住してしまう。立ち退かせようとしても、すぐ他のところに移動する

だけで対策に苦慮していました。

(16) 服部圭郎（２００４）、１１２頁

(17) Ｐ・ホーケン、Ａ・Ｂ・ロビンス、Ｌ・Ｈ・ロビンス（２００１）、４８１頁

(18) Ｊ・リフキン（１９８２）、２３９頁

第3章　21世紀の科学技術とその課題

山本修一

1　はじめに

20世紀における科学技術のめざましい発展は、人間の生活を快適かつ豊かにすることに大きく寄与した。しかしながら、その反面、有り余るほどの科学技術の産物は必ずしも人間の幸福に結びつかなかったこと、また大量の核兵器の製造や地球環境の破壊など、負の遺産ともいうべき側面をもっていたことも明らかである。[1] 21世紀になった今、コンピュータやネットなどの情報分野、また遺伝子技術に関わる医学・生命科学の分野ではめざましい進展がみられ、私たちの生活のあり方や社会のあり方に大きな影響を与えてきている。科学技術の中身を理解する人はわずかな人たちに限られているにも関わらず、その影響は万人に及ぶ。しかも、その影響は自覚的ではない。そこにある種の不気味さがある。

そこで今後どのように科学技術は発展するか、またその影響はどのようなところに及ぶかを概観しておくことには大きな意味があるだろう。今後の科学技術の発展を予想することは極めて難しいが、大きな発展が見込まれる分野を概観するとともに、近未来において大きな発展が見込まれ、かつその影響が大きいと考えられる情報および生命分野の発展を特に取り上げ、哲学、思想、宗教が関わることができる課題にはどのようなものがあるかについて、検討してみたい。

2　20世紀の科学技術

21世紀の科学技術の進歩を見る前に20世紀の進歩を振り返ってみたい。興味深いことに、20世紀になったばかりの正月に20世紀の科学技術の進歩を予想した新聞記事が報知新聞社から出されている。(2) まずそれを見てみよう。

表1に示したように、予言の内容から分類すると、情報および電気に関わる技術、交通および流通に関わる技術、自然との関わり、医学を含むその他の4つになりそうである。

表1　二十世紀の予言

予言の内容＊	実現の状況＊＊
情報・電気に関わる技術	
〈無線電信及電話〉マルコーニ発明の無線電信は一層進歩して、電信だけでなく無線電話が世界中に通じるようになる。東京にいる人が、ロンドン、ニューヨークにいる友人と自由に対話することができる。	○20世紀には電話、携帯電話だけでなく、テレビやインターネットの情報ハイウェイが世界中に張り巡らされている。
〈遠距離の写真〉ヨーロッパで戦争が激しくなれば、東京の新聞記者は編集局にいながら、電気の力によってその状況を写真で見ることができる。写真はもちろんカラーである。	○写真の電送は可能に。これはテレビの登場を含んでいると考えてもよい。
〈人声十里に達す〉伝声器が改良され、40km離れても、男女がラブコールできる。	○電話および携帯電話は世界中に。
〈写真電話〉電話には相手の画像が見える装置がついている。	○テレビ電話・テレビ会議が可能に。
〈電気の世界〉薪、炭、石炭はいずれも尽きて、電気が代わって燃料になる。	○電気エネルギーと考えればよい。

〈電気の輸送〉日本では琵琶湖の水を用いて、また米国ではナイヤガラの瀑布によって、水力発電によって電気を起して、各々全国内に輸送することができる。	○水力発電は当然。また電力網は全国どこにでも。
交通および流通に関わる技術	
〈七日間世界一周〉19世紀末には、80日間かかった世界一周が、20世紀末には7日間でできるようになる。世界中の人は、男女を問わず必ず1回以上海外旅行をするようになる。	○飛行機など高速交通機関の発達により、人の移動、物の流通が拡大（航空機の発達、海外旅行の一般化）。1日で世界を一周することも可能。
〈鉄道の速力〉19世紀末に発明された機関車は大型化し、冷暖房など車内で快適に過ごすことができるようになる。また20世紀初めに東京・神戸間は2時間半で結ばれる。東京・神戸間は2時間半で結ばれる。また20世紀初めに4日半かかったニューヨーク・サンフランシスコ間は一昼夜で到達できる。	○冷暖房もすべての車両に完備され、新幹線では東京―新神戸間はまさに2時間半程度で行ける。
〈自動車の世〉馬車は廃止になり、これに代わって自動車が安くなる。また軍用にも自転車及び自動車が馬に代わることになる。ゆえに、馬はわずかに好奇者によって飼われるだけになる。	○車社会の到来

〈市街鉄道〉 馬車、鉄道・路面電車などは、老人の昔話に残るだけになる。文明国の大都会では、鉄道は街路上からなくなり、空中や地中を走るようになる。	○地下鉄、モノレールにより達成。
〈鉄道の連絡〉 鉄道は、航路を介して世界中を自由に通行できるようになる。	○鉄道連絡船、海底トンネル、橋を介して、日本国中やイギリスとフランスでは通じている。 ×大陸間をつなぐまでには至っていないが、むしろ飛行機の発達によって達成。
〈空中軍艦空中砲台〉 チェッペリン式の空中船（飛行船）が発達して、空中に軍艦が浮かび、空中が戦場になる。空中に大砲が浮かんでいるのは奇妙な光景だが。	△爆撃機や戦闘機。
〈買物便法〉 写真電話で遠くにある品物を確認し、売り買いできるようになる。品物は地中に埋め込まれた鋼管の装置で、すぐに配達される。	○通信販売・テレビショッピング、ネットショッピングにより可能に。 △宅配便により、1－2日で配達可能に。
自然との関わり	
〈暑寒知らず〉 冷暖房機が発明され、暑さ寒さを調節するために、適宜空気を送り出すことができ、これによってアフリカも進歩するだろう。	○エアコンの発明により空調が可能になった。

〈植物と電気〉電気の力で野菜が成長する。そら豆はミカンの大きさに育ち、キク・ボタン・バラは緑色や黒色などの花を咲かせるものもある。グリーンランドでも熱帯植物が生育するようになる。	○人工光を使った室内栽培。 ×電気力で育てることは実現していない。また、バイオテクノロジーは予測されていない。
〈サハラ砂漠〉サハラ砂漠は沃野に変わる。東半球の文明は中国、日本及びアメリカで発達していく。	△砂漠の灌漑は一部行われている。 ×森林伐採により、むしろ砂漠化は進行した。 ○文明については当たっている。
〈野獣の滅亡〉アフリカの原野でもライオン、トラ、ワニなどの野獣を見ることはできなくなる。彼らはわずかに大都会の博物館で余命を過ごすだけになる。	△トラは絶滅危惧種に指定されたり、ライオンは保護の対象になっている。
〈蚊及蚤の滅亡〉衛生事業が進歩して、蚊及び蚤の類は次第に滅亡する。	△衛生事情はよくなっているが、決して蚊や蚤がいなくなったわけではない。
〈人と獣との會話自在〉獣語の研究が進歩し、小学校に獣語科目が新設される。人と犬、猫、猿とは、自由に対話することができるようになる。下女下男の地位の多くは犬によって占められ、犬が人の使いに歩く世になる。	×

〈暴風を防ぐ〉 気象観測技術が進歩して、天災は1ヶ月以上前に予測できるようになる。暴風が予測されれば、大砲を空中に放ってこれを止めることができるようになる。	×
その他	
〈人の身幹〉 運動術や外科手術の進歩によって、人の身長は六尺（180㎝）以上になる。	△（体格の向上）
〈医術の進歩〉 薬剤を使わなくなり、電気針で苦痛なく局部に薬液を注射し、顕微鏡とX線の発達で、病原が発生しても応急治療が自由になる。内科術は十中八九まで外科術に移り、肺結核になっても肺臓を摘出して腐敗を防ぎ、ウイルスを殺すことができるようになる。切開は電気により苦痛もなくなる。	△（局部的治療や電気メスなど、一部は実現）
〈幼稚園の廃止〉 人智は遺伝によって大いに発達して、そして家庭には無教育の人はなくなり、そのため幼稚園は不必要になる。そして男女共に大学を卒業しないと、一人前とみなされなくなる。	×

＊表の「予言の内容」（上段）は、1901年1月2－3日の報知新聞の記事（注2）による。表記は現代文に改め、一部長文のものは部分的に示している。

＊＊表の「実現の状況」（下段）は、文部科学省「平成17年度版　科学技術白書」などを参考にした。

まず、情報および通信に関わる技術では、テレビ、携帯電話を含む電話、インターネットの開発により、これらは予言の域をはるかに超えるほど十分に発達している。また19世紀にはほとんど自由にならなかった電気エネルギーは、予言されている水力発電よりも、むしろ火力発電や原子力発電によって、それもおそらく予言の域を十分に超えて得られるようになっている。石油はまだ十分に使用されていたわけでもなく、原子力は原子の力の知識もほとんどなかった時代だから十分予言できなくても当然である。また電気は送電線により日本全国に送電されている。

交通に関しては新幹線、車の普及、地下鉄の発達によりほとんどが実現されている。ただし、５大陸を橋渡しするような鉄道網は完備されていない。しかし、これは飛行機の発達により実現されていると考えることもできるが、飛行機の発明は１９０３年のライト兄弟によるため、この時点では飛行機ではなく、飛行船のようなものを想定する以外になかったかもしれない。実際、飛行船による戦争や武器装備が予想されている。一方、流通関係では、テレビやインターネットを通してのショッピングにより家庭にいながらものを購入できるシステムが登場してきた。しかし、地中に埋められた鋼管による輸送はできていないし、またできそうにもない。ただし、宅配便のように日本全国どこにでも1－2日で配達されるようにはなっている。

自然との関わりにおける技術では、エアコンによる空調や人工光を利用した室内栽培は実現されているが、電気力で植物を人工的に生育するような技術はない。反対にバイオテクノロジーのような現在主流になっている技術は予想されていない。しかし、これは遺伝子の発見もなく、またその概念も確立されていないので当然である。サハラ砂漠のような砂漠の灌漑は当時大きな課題であったことが伺われる。灌漑技術は進歩しているが、むしろ森林伐採や砂漠化の進行により、後退しているともいえる。野獣の滅亡は、当時世界的には人間に危害を加える野獣の撲滅という意味と、娯楽としての狩猟の意味があったことに由来していると思われる。実際には、人間の力の強大化によりトラのほとんどの種は絶滅危惧種に指定され、また、ライオンは保護の対象になっている。また、蚊および蚤のたぐいは滅亡するというのは、当時、蚊や蚤が多かったことを反映しているが、現在でも撲滅に至っていない。しかし、日本では衛生事情の改善により、問題になることはほとんどなくなっている。人と獣との会話が自在になるとあるが、そもそもこのような予想がどこから出てきたのか、この時代ではは発想自体がほとんど不可能に思える。[3] 天災の予測が1ヶ月以上前に可能になるとあるが、これは現在でもほとんど不可能である。また、地震は防ぎようがなく、また家屋の耐震性も一部の鉄骨や鉄筋コンクリートの建造物は別にして、一般的には十分とはいえず、これらは今も変わらない。

最後に、その他であるが、運動や生活スタイルの変化により体格は向上しているが、180cmにはなっていないし、また外科手術で身長を伸ばすことはできない。また、医術の進歩においては、電気針、顕微鏡、X線による治療が進歩して、内科の領分は殆ど外科手術に変わると予測されているが、レーザーやX線は飛躍的に進歩したが、内科が外科に代わることはなく、これは当たっていない。さらに、幼稚園の廃止では、遺伝により人智が伝搬するため幼稚園は不必要になるとのことである。しかし、この予言で言われている遺伝による人智の伝搬は、いわば知識の伝搬が遺伝子によって可能になるとの意味だと思われるが、それは基本的に不可能と思われる。[4]

以上のことから概観するに、テレビ、インターネットなど情報関係や飛行機や自動車などの交通手段の発展など、いわば人間にとっての外部環境の変化においては進歩が著しく、予言が良く当たっていることを示している。しかしながら、人間も含めて生物に関わること、気象、地震、砂漠化など自然現象に関わる予言は、多くの場合当たっていないようである。このことから20世紀は物理学を中心とした科学技術の進歩の時代と位置づけられていることがよく理解できる。

一方、全米技術アカデミー⑤は、20世紀の重要な技術開発を発表している。一応それには順位付けがされていて、1電化、2自動車、3航空機、4水道、5電子工学、6ラジオとテレビ、7農業の機械化、8コンピュータ、9電話、10空気調節と冷凍、11高速道路、12宇宙船、13インターネット、14画像処理、15家庭用品、16医療工学、17石油化学技術、18レーザーと光ファイバー、19原子核工学、20物質科学となっている。いずれの技術も現在では生活において常に関わりのある技術であり、またなじみも深い。先に見た報知新聞の予言において取り上げられていた技術、たとえば自動車、ラジオとテレビ、電話のような交通や情報通信技術が上位にあり、社会にとって重要性がいかに大きかったかを示している。しかしこれらはいずれも19世紀の終わりにはその萌芽的な技術、たとえば有線電話は１８７６年のベルによる開発、ガソリン自動車は１８８７年のダイムラーによる開発、テレビのブラウン管は１８９７年のブラウンによる開発、がすでに行われており、それが実用化され、生活の場に現れてきたものといえる。むしろ19世紀においては全く想像もできなかった技術と考えられるものが、コンピュータ、宇宙船、インターネット、原子核工学、そしてここでは直接あげられていないが遺伝子変換を含むバイオテクノロジー（ここではあえていえば、医療工学や物質工学）であろう。宇宙船は１９０３年の飛行機の開発に始まり、１９５７年の人工衛星や１９５９年の宇宙探査機の開発、そして１９６１年のガガーリンによる有人宇宙飛行（いずれもソビエト連邦）と続く。原子核工学も１９１１年のラザフォードによる原子核の発見や１９１５年のアインシュタインによる一般相対性理論の提唱、１９３５年のウランの原子核分裂の発見による。またコンピュータは１９４６年に開発されたＥＮＩＡＣが世界最初のコンピュータであり、さらに遺伝子工学は１９５３年ワトソンとクリックによるＤＮＡの二重らせん構造の解明がその端緒を開いた。こうした科学技術は20世紀になってはじめて開発された技術である。そして何より驚くべきことは、わずか数十年の間に飛行機から宇宙ロケットにまで発展し、何トンもあったコンピュータは持ち運べる重さになり、それを利用したインターネットは世界を一瞬に結び、その成果や影響はとどまるところを知らないかのように発展していることである。また遺伝子に関わる科学技術も、生物の生きる仕組みや進化の過程など、生物世界の理解だけでなく、１９７３年の遺伝子組み替え技術の開発により、食糧生産や医療などの分野では革命的なブレークスルーが起こってきている。このような1世紀に満たない期間での新しい科学技術の発展は、おそらく想像すらできなかったであろう。

３　21世紀に予想される技術の進歩

特に20世紀後半の科学技術の進歩はめざましく、いわば指数関数的と形容してもよいような進歩の仕方であることから考えると、科学技術の進歩を予想することが如何に難しいかを表している。ゆえに自然科学の一分野（地球化学）を専門とする筆者が、21世紀の科学技術の発展を予想することが如何に困難なことであるかは、重々承知している。そこで、日本の科学技術庁・科学技術政策研究所で発表した「21世紀の科学技術の展望とそのありかた」(2000)[6]で取り上げられている予想（表2）をベースに、検討してみたい。この「21世紀の科学技術の展望とそのありかた」は、科学技術政策研究所が中心になって、全国の有識者４６００人を対象に、「21世紀中に実現する、あるいは実現して欲しい画期的な新技術や、これに伴う生活や社会の根本的な変化など」のコメントを求める調査を実施したもので、回収数３８００、コメント記入数１２００を集約したものである。また、丑田（2004）[7]も参考にして、ここでは21世紀に予想される科学技術分野の進歩の観点から検討してみたい。

表2　21世紀の科学技術の展望

1．遺伝子技術の発展	
遺伝子技術による人類の進化	DNA塩基配列・全蛋白の機構解明により疾病因子の少ない人類に進化。一方、遺伝子的に均質な人類が増加するため、感染症が死因の1位に。
宇宙進出のための人間の進化	人体に低酸素、宇宙線、低温・高温などへの耐性をつけるための遺伝子レベルでの処置がなされ、宇宙進出のための様々な障害が克服される。
人類の小型化	小さいほどすばらしいとの意識改革が進み、人類の大きさは小型化し、食糧・人口問題は解決。
人工生命体の実現	化学合成によって人工生命体が実現する。
2．脳科学の発展	
思考支援技術	脳のメカニズムの解明により、脳へ直接情報を記憶させたり、忘れさせることが可能に。経験が自動的に記録され、思い起こしただけで正確な情報が再生できる機器の開発により人間の思考を支援。
認識メカニズムの解明	盲目の人の視神経または脳に直結して、物体の形、色の感覚を与えられる物体認識デバイスが開発される。
創造的活動をするコンピュータ	人間の脳機能（知覚、思考、学習、記憶）をも超えるコンピュータが開発され、人間並に創造活動を行うことができるようになる。

3．医療の変革	
再生医療の普及	生体から分離した細胞をもとに、あらゆる機能性細胞を試験管内で大量に生産する技術が確立する。これにより、再生医療が一般化し、治療後の人体は、元々の身体部分、クローン臓器、人工組織で構成されることが普通になるが、再生医療が脳にまで及ぶと本当の自分とは何なのかが問題となる。
長寿化	遺伝病をはじめ全ての病気が治療可能となり、平均寿命が大幅に延びるとともに、老化の速度を制御できるようになり、健康な高齢化社会が訪れる。
健康の自己管理	体内の遺伝子発現の状態を個人が家庭で測定したり、体内に常駐するマイクロ機器によって健康状態をモニターすることが可能になり、健康状態を最適に維持することができるようになる。
マイクロロボット医療	体内に入って検査・治療するマイクロロボットの技術が進歩し、外科手術にとってかわるようになる。
生体を超える義手・義足	5本の指と関節があり、神経に直結して制御でき、筆を持って字が書ける義手など、ロボット技術によって義手、義足が人間の手足もしくはそれ以上の能力を持つようになる。
4．食糧問題	
遺伝子技術による食糧問題の解決	遺伝子技術の安全性が確立されることにより、遺伝子組換え植物、動物の利用による食糧生産が増大し、食糧問題が解決される。
遺伝子技術によらない食糧生産	倫理的な問題、安全上の問題で動植物の遺伝子組換え技術は普及せず、かわりに植物の光合成メカニズムを利用した人工光合成技術や、動植物幹細胞の食糧化技術を利用した新たな食糧生産が可能となり、人類の食生活を大きく変える。

5．循環型社会・経済の形成	
バイオマス社会	バイオマスを原料とエネルギー源とする有機工業社会が到来。構造材はバイオマスから作られたプラスチックや繊維が多用され、電子回路も有機半導体やバイオエレクトロニクスが主流に。エネルギーも、バクテリアによる水素・メタンの生産を利用した燃料電池が普及。
ナノテクノロジーによる完全循環型社会	あらゆる物質（ゴミを含む）を原子レベルまで分解し、その原子を直接自由に操作して、物質や材料の合成を行う完全リサイクル技術が実現し、完全循環型の社会が構築される。
6．エネルギー供給	
宇宙太陽光発電	宇宙での大規模かつ安価な太陽光発電技術と安全な送電技術が確立し、宇宙太陽光発電所が実現する。
太陽光発電の拡大	ビルや家屋の外壁、窓ガラス、瓦などが、すべて太陽電池の機能を持った素材で作られるようになるとともに高効率の蓄電技術が開発され、太陽光発電が全エネルギー供給の大半を占めるようになる。
原子力の未来	小型でかつ安全な原子力発電の方式が開発され、原子力が基幹エネルギー源として見直される。さらに核融合発電技術が確立し、火力発電および核分裂式発電は全廃される。
全世界電力ネットワークの形成	世界規模で常温超電導ケーブルを使用した電力ネットワークが発達し、各国間の時差を利用したピーク電力の融通など最適なエネルギー供給が行われる。
蓄熱技術の発展	夏の熱を蓄積し、冬に利用できるような蓄熱技術が開発され、太陽熱エネルギーの高効率利用が実現する。

巨大自然エネルギーの利用	台風、地震、火山のような自然の猛威をエネルギーに変換し利用する技術が開発される。
7．人間の生活圏の変化	
宇宙都市の実現	月、火星、宇宙ステーション等地球外で生活する人は、短期的な観光旅行者も含め相当の規模に達する。また宇宙空間への移動手段もロケットだけではなく、赤道上空に静止軌道基地と地表を結ぶエレベータが設置され、大気汚染やエネルギー問題を伴わずに大勢の人を運ぶ。このような変革が経済発展を促す一方で、宇宙に地上の国境線を持ち込むことの不合理性が顕在化し、主権国家から独立した国際宇宙機構が誕生する。
地下の利用	工業生産は全て地下で行われ、地表は食糧生産、生活の場となる。
人間圏と自然圏の分離	人間の生活・生産などの活動は基本的に１００万都市が入るような巨大な閉鎖空間、あるいは宇宙都市、地下都市、海底都市の中で行われ、地球規模で自然が回復する。
シェルターに住む人類	大気汚染、オゾン層破壊が深刻となり、都市、住宅はシェルター化せざるをえず、人々は完全に外気と隔離された人工空間の中で生活するようになる。
生物多様性の維持	自然環境や生態系の維持・管理技術が発展し、生物種の絶滅がなくなり生物の多様性が維持される。
8．20世紀の「負の遺産」の処理	
環境を修復・改善する生物	不毛の地を緑化できる植物、窒素酸化物を吸収して空気を浄化する樹木、海や湖の汚染を浄化できる生物サイクル技術などが実現する。

温暖化ガス対策	二酸化炭素の深海、宇宙空間への投棄、バイオ技術による固定法（サンゴなど）が確立される。
オゾン層の修復	オゾン層の修復が可能になる。
地雷除去バクテリア	地雷のみに反応して、これらを安全に化学分解し土に返してしまうというような、地雷を無力にする特殊なバクテリアが開発される。
9．コミュニケーション	
音声言語によらないコミュニケーション	脳の活動状態を検出・解読し、信号に変換・伝送する技術により、人と装置、人と人との伝送波による直接通信が可能になる。例えばコンピュータへの入力も直接脳から行い、テレビのような放送も直接脳が受信するようになる。また、これを応用して動物とのコミュニケーションも可能になる。
空間映像技術	空間に立体映像を映すことができる技術が開発され、液晶ディスプレーのような表示装置は姿を消す。立体映像テレビは、「におい」、「質感」などの情報も提供し、あたかも現場にいるような臨場感あふれるものとなる。
自動翻訳を駆使した多様な言語の共存	音声翻訳技術の普及により、世界人口の80％以上の人々にとって母国語で会話や議論が可能な環境となり、経済・社会・文化の交流が極めて豊かになる。
世界言語の統一	情報やモノの流通が地球の隅々まで行われることにより、次第に言語も統一されて国家概念が無くなる。
人間・ロボットの共生	人間と同等以上の運動機能と一定の知的判断機能を有する完全自律型ロボットが誕生する。人々の生活に密着したところで、人間とロボットの共生が始まる。

10. 政治	
コンピュータ化された民主主義	コンピュータによる最大多数の最大幸福の総合計算を信頼する社会合意がなされ、政府の政策、予算案等で適用されるようになる。
11. 交通と旅行	
陸上交通機関の脱化石燃料化	燃料電池、小型大容量の蓄電池による電気自動車が主流になり、ガソリンや軽油等の化石燃料を使用する内燃機関の車がほとんど無くなる。
新たな公共交通	日常生活圏を移動する交通機関は、個人が所有・運転する自動車から、公共が管理・運行する太陽光などの自然エネルギーを利用した自動車となる。この自動車の利用は誰でも希望すればすぐに用意され、自動運転で目的地まで乗ることができる。
空中移動の拡大	自動車に代わるような個人用の超小型航空機が広く普及し、個人の移動手段は空中移動が中心となり、世界の至る所に移動できるようになる。
宇宙旅行	宇宙旅行の一般化が進み、月や火星などへのツアー募集を日常的に見かけるようになる。
深海旅行	１０００ｍを超える深海探検ツアーが人気を呼び、深海遊覧ビジネスが盛況となる。
12. 安全・安心	
自然災害の制御	大気、海洋、大陸のモニタリング技術が進み、気候変動や環境変化の正確な予測、地震の時間単位の予知が可能となる。さらに、気象・自然現象のコントロールが可能となり、台風・地震・竜巻などの天災を未然に防ぐことができる。

犯罪防止	倫理観、道徳観の欠落や、衝動的な犯罪行動と脳機能との関連性を解明することにより、それらの対応策が確立して犯罪がほとんど無くなる。
ヒューマンエラーの防止	安全性を確保するためのシステム技術、例えば、病院で医療ミスが起こりそうになったとしても、それが深刻な状態に陥らないようなシステム技術（人と情報と機械を含むシステム）が確立し、人のミスに起因する事故がほとんど無くなる。
交通事故の解消	自動車の自動運転化、安全機器の発達と交通インフラの整備により交通事故がほとんどなくなる。
安全な輸送システム	事故を全く起こさない航空機などの交通システムが実現する。

そこで表2に示した予想をもとに全体的に概観してみよう。

「1．遺伝子技術の発展」では、遺伝子技術による人類の進化、宇宙進出のための人間の進化、人類の小型化、人工生命体の実現が取り上げられている。人工生命体の実現以外は、すべて人間に関わるもので、いずれも人間の遺伝子を改変して、疾病の少ない人間、宇宙に適応可能な人間、小型化した人間をつくることが可能になるとの予測である。遺伝子工学を利用した人間の改造は、高度な能力を持った人間を効率的につくり出すことにつながり、そしてそれを望む人が増加するであろう。しかし、これは遺伝子的に均質な人間になっていくことを意味し、もしも重大な感染症が蔓延した場合には滅亡につながりかねない危機に陥る可能性も示唆されている。また、本当にこうした技術が必要かどうか、さらには人間の改造という倫理的な課題もあるので、これらについては後述する。

「2．脳科学の発展」では、思考支援技術の開発、認識メカニズムの解明、創造的活動をするコンピュータの開発があげられている。その他の脳やコンピュータに関わる技術発展は、検討すべき課題を孕んでいると考えられるので、後述したい。

「3．医療の変革」では、再生医療の普及、長寿化、健康の自己管理技術の開発、マイクロロボット医療の開発などがあげられている。再生医療はＥＳ細胞やｉＰＳ細胞の開発により飛躍的に発展することが期待されている。この技術は臓器移植に代わる新たな技術として期待が大きい。しかし問題点も多くあるように思われるので、後述したい。長寿化が遺伝病などの克服により可能になることに誰しも反対はしないであろうが、社会全体の高齢化による医療費負担や年金などの制度的な課題を避けることはほとんど不可能であろう。また健康の自己管理が体内に埋め込まれたマイクロチップによってモニタリングすることも可能になるかもしれないが、これでは機械のメンテナンスと同様な人間の機械化にほかならないように思われる。しかし、その一方でマイクロロボットのような技術開発は、人間による医療ミスの削減や、また患者の苦痛削減にもつながり、これは望ましい技術だろう。

「4．食糧問題」では、遺伝子技術による食糧問題の解決、遺伝子技術によらない食糧生産があげられている。遺伝子組み換えを利用した食糧生産はセキュリティーの問題を孕むため、その両者の意見を反映したものになっている。

「5．循環型社会・経済の形成」であげられているのは、バイオマス社会の発展とナノテクノロジーよる完全循環型社会の創出である。このような完全循環型社会の到来やバイオマスを利用した技術開発を望むことはいうまでもない。

「6．エネルギー供給」では、宇宙太陽光発電、太陽光発電の拡大、原子力の未来、全世界電力ネットワークの形成、蓄電技術の発展、巨大自然エネルギーの利用があげられている。このうち原子力については小型で安全な技術が開発されるとのことであるが、原子力そのものの技術が問われている今、慎重な対応が望まれるであろう。その他の太陽光を利用した技術、蓄電技術の開発、自然エネルギーの利用、また世界的な電力のネットワークは、ほとんど問題なく進歩が望まれる技術であろう。

「7．人間の生活圏の変化」では、宇宙都市の実現、地下の利用、人間圏と自然圏の分離、シェルターに住む人類、生物多様性の維持があげられている。宇宙都市の実現はそれほど容易とは思わないし、またそもそもそうした技術開発をする必要があるかどうか、また住居のシェルター化などが必要な事態に陥らないような世界の運営が問われるであろう。地下利用、人間圏と自然圏の分離、シェルターといった居住区域の分離は個人的には決して望ましいとは思わない。またこれもそれほど容易に実現もしないであろうし、さらに自然は人間が考えるほど単純でもないだろう。生物多様性の維持が重要な課題であることは間違いないが、すべての生物の多様性を維持することは到底不可能であろうから、維持管理の対象になる生物種や生態系をどこで線引きするかがやがて問われることも確実で、答えを用意する必要がある。これもそれほど容易にできるとは思わない。

「8．20世紀の『負の遺産』の処理」では、環境を修復・改善する生物、温暖化ガス対策、オゾン層の修復、地雷除去バクテリアの開発があげられている。これらの技術は誰もが望むものであり、大いに歓迎すべきであろうが、それほど容易に実現するとは思われない。

「9．コミュニケーション」では、音声言語によらないコミュニケーション、空間映像技術、自動翻訳を駆使した多様な言語の共存、世界言語の統一、人間・ロボットの共生があげられている。グローバル化を促進する際の言語の壁は大きい。そこで自動翻訳技術の開発は望ましいであろうが、世界言語の統一は、それぞれの民族や国の歴史や文化に関わることであり、容易に進むとは思われないし、また発展させるべきかどうかも問われるであろう。また、音声言語によらない脳活動の信号化が実現すると、それを利用したコミュニケーション、たとえば表情の伴わない人の会話、人間から機械への無動作の入力が可能になるであろう。しかし、脳科学に関係した音声言語によらないコミュニケーションやロボットと人間の共生が実現してくると、これは人間の社会そのものが現在の延長上にあるものとは異なり、人間あるいは人間社会とは一体何かが問われてくるのではないだろうか。

「10．政治」では、コンピュータ化された民主主義があげられているものの、中身が明確ではなく、ただ単に国民全員の意見を即座に集約するようなシステムを意味しているとすれば、システム自体を完備することは可能であろうが、意見を集約することは、今の代議員制よりはるかに困難になることが予想される。

「11．交通と旅行」では、陸上交通機関の脱化石燃料化、新たな公共交通、空中移動の拡大、宇宙旅行、深海旅行があげられている。超小型飛行機の運用、宇宙や深海への旅行も、安全性さえ確保できるのであれば、特別問題はないと思われる。また、化石燃料を利用した自動車から電気自動車への移行は、地球温暖化を回避する意味でも、望ましい技術である。また公共が管理・運行する自然エネルギー利用の自動車という発想も望まれる技術および制度である。

最後に「12．安全・安心」では、自然災害の制御、犯罪防止、ヒューマンエラーの防止、交通事故の解消、安全な輸送システムがあげられている。自然災害の制御において、モニタリング技術の発展による可能な限り迅速な情報提供の技術は望ましい技術だと思われる。しかしながら、気象や自然現象のコントロールという発想は、人間の〝おごり〟ではないだろうか。むしろ災害は常に起こるものであり、起こった際にどれだけ被害を小さくできるかといった防災の発想を基本に据えたほうが望ましいように思われる。医療ミス、自動車の自動運転化やインフラ整備や航空機の安全システムの開発など、まさにヒューマンエラーによる事故の回避は、人、情報、機械を含むシステムの充実によって相当避けることが可能になるであろう。しかしながら、倫理観、道徳観の欠如だけでなく、犯罪行動と脳機能の関連を解明することによって犯罪を減らすという発想は、まさに脳をコントロールすることを意味する。おそらくは遺伝子のスイッチのオン・オフによるホルモンの分泌の制御など、エピジェネティックな制御(8)を意味すると思われる。

以上のように、21世紀の間に様々な分野にわたる技術開発が期待されている。ここには望ましいと考えられる技術もあれば、検討を要する技術も多々ありそうである。19世紀から見た20世紀の科学技術と同様に、循環型社会の構築、自然エネルギー利用技術の開発、交通手段の発展といった問題は、いわば人間の外部環境の変化を扱う領域の問題で、これらが大いに発展することは、宗教や哲学が介入するまでもなく、ほとんど問題がないようにみえる。しかしながら、コンピュータ、ロボット、医療、脳科学の発展は、人間の能力の人為的な改造や人生観に関わる課題を抱えており、検討する必要がありそうである。そこで、次節ではこれらを取り上げて検討してみたい。

4　21世紀の科学技術における課題

(1) コンピュータおよびロボットの進化による生活環境・教育環境の改変

20世紀末から発展してきたインターネットの普及によって、利便性は大きく向上してきたことは確かである。今後、さらに広く教育、医療、交通、金融、通商等の分野から労働形態、消費生活、娯楽に至るまで多方面に影響を与える存在になることは間違いない。このような中で、「2．脳科学の発展」の【創造的活動をするコンピュータ】の項にあるように、人間の脳機能（知覚、学習、記憶）をも超えるコンピュータの開発や、人間と同等以上の運動機能と一定の知的判断能力を有する完全自律型ロボットの誕生が期待されている。人間の能力を超えるロボットの開発は、確かによいことも多い。生身の人間ができないこと、たとえば、原子炉の中のような危険な場所で作業を行うことができるロボット、生体を検知するといった人命救助に必要な様々なセンサーを搭載したロボット、また人間を超える運動能力や過酷な条件下でも働ける能力を持つロボットの開発は、期待されるところである。

しかしその一方で、コンピュータの進歩によって人間の地位や能力が低下することを考えておく必要がある。これは教育と関係するが、現在でも様々な電子機器が開発され、携帯可能な電子辞書には何十冊もの辞書が搭載され、重い辞書を持ち運ぶ必要はなくなってきている。また電卓機能も携帯電話に搭載され、いつでもどこでも間違いなく計算ができる機能はきわめて利便性が高い。このような機能はますます充実することは間違いない。そうした場合、子どもに対する教育も変わらざるを得なくなるのは当然であろう。かつて言われたように、日常生活をする上で欠かせない、いわゆる〝読み、書き、そろばん〟は、基本的なものは学ぶ必要はあるだろうが、これまで記憶することが当然と言われてきたような事柄は、電子機器の使い方さえ学べば、いつでもどこでも取り出せるものになる。こうして教育として教えなければならない事柄は必然的に変わらざるを得なくなるであろう。その結果、人間自身の持つ能力が低下していく可能性が高い。

また、仕事や行動も、今何をすべきかをコンピュータに問い合わせるようなことも現実になりつつある。行動スケジュールは当然のことで、判断する必要があるような場合も様々な情報を取得・総合して、もっとも効率的で適した行動は何かをコンピュータに問い合わせるような時代も来るだろう。その結果、主体であった人間の社会的な役割や地位も次第に低下していくことも考えられる。

(2) 医療技術の発展：遺伝子技術、再生医療、オーダーメード医療

「1．遺伝子技術発展」の【遺伝子技術による人類の進化】の項にあるように、人間の遺伝情報の元である核酸塩基の全配列が解読され、これまで不治の病であった遺伝病や特定の遺伝子の欠陥や欠落による病気の理解も進み、遺伝子治療が可能になるであろう。さらに、遺伝子情報が容易に解析できるようになると、個人的な遺伝情報を生まれたときに知ることも可能になり、その人にあった疾病治療が誕生とともに用意されるような時代が来るかもしれない。これは現在のレディーメードの医療から、オーダーメードの治療になっていくことを意味する。また、子どもの頃から疾病因子の少ない遺伝子を組み込むことによって、疾病因子の少ない人間が登場することになるかもしれない。しかし、予想にもあったように、過

度の遺伝子の均質化は感染症などの危険性を孕んでいる。

近年明らかになりつつある老化メカニズムも一層解明されていくであろう。「３．医療の変革」の【再生医療の普及】の項にあるように、現在進められているｉＰＳ細胞を利用した人間の様々な人工臓器も再生が可能になるだろう。なかでも、老化メカニズムの解明は老化速度をコントロールすることを可能にし、現在、寿命の限界と言われている１２０歳を超えることも可能になるかもしれない。そうした場合、「３．医療の変革」の【長寿化】の項にあるように、さらなる長寿社会が到来する。しかし、その結果生きることの意味が問われ、また労働意欲の低下や人生観さえも変わってこざるを得なくなるであろう。また、ｉＰＳ細胞を利用した人工臓器は、かつて考えられてきたような人工的な素材を利用した臓器の開発ではなく、いわば自分の細胞を利用した技術になる。ただ、悪い臓器は交換可能という人間の機械化、サイボーク化であることに変わりはない。しかし、もっとも大きな問題は、脳細胞の再生や移植が可能になったときに生じる。つまり、本当の自分とは何なのか、といった倫理的な問題が生じるであろう。

（3）脳科学の進歩：思考、認識、記憶、感情などのメカニズムの解明と操作

人間の脳は化学物質でできている。ゆえに、外部から投与された化学物質によって、脳も影響を受けることが明らかになってきた。当然のことながら次に出てくることは、化学物質である薬物による心のコントロールである。もちろん現在では精神的な疾病の治療には化学物質が使用され、ある程度心をコントロールできることがわかってきている。また、快苦などの精神的現象に関わる遺伝子も明らかになるかもしれない。これらの技術は、まだ初歩的な段階であるが、これがさらに進展すると、特に疾病ではなくても、投薬によって、あるいは特定の遺伝子を発現させることによって、望むような心の状態を作り出すことが可能になるかもしれない。

また、「2．脳科学の発展」の【思考支援技術】の項にあったように、記憶を取り出したり、記憶を消去したりするような技術も実現する可能性も出てきている。あるいは「12．安全・安心」の【犯罪防止】の項に出てきた脳のコントロールによって犯罪をなくすることにつながるかもしれない。さらには、「2．脳科学の発展」の【認識メカニズムの解明】の項にあったように、脳から直接情報を読み取ったり、また記憶させたり、また反対に忘れさせるような外部デバイスの開発も可能になるかもしれない。その結果、たとえば、トラウマに

なっている記憶を消去すれば、それにとらわれない生き方が可能になるだろう。さらに望むような記憶、思考能力、認識能力を他人の脳から移植することが可能になると、まさに自分自身を改造することになってしまうだろう。もちろんここでも倫理的な課題は出てくるが、技術的に可能になると、その技術自体を消し去ることはできない。その結果、やがて望ましい、あるいは理想的な能力や性格の各種遺伝子や臓器が用意され、どれを選択するかといったまさに人間の能力や性格までを選択することにもなりかねない。これらはまさにオーダーメード人間の登場を意味するであろう。確かに産むのは当分の間は人間であろうが、受精卵の遺伝子を交換するような技術も可能になるかもしれない。そうすると、親子とは遺伝子のつながりではなく、単に育ての親子の関係になってしまうこともあり得るであろう。しかし、これはまさに人間を生産する技術といってもよい技術の誕生である。もちろん、すべてが可能になるとは思われないが、もし可能になったとしても、本当にこうした技術は必要なのであろうか。

まさに可能なことと実際に実現することの区別を明確にしなければならない時代の到来である。

5　社会から見たさらなる課題

21世紀における情報および生命に関わる科学技術の進歩と、そこに生じる若干の課題について見てきたが、さらに社会から見た観点も含めて課題を検討してみたい。

(1) 社会における人間の関係や役割を変化させる技術

高度情報化社会の出現は、生活環境を変えるだけでなく、人間と人間との関係や社会における人間の役割を変えてしまう可能性がある。たとえば、生産、流通、消費の形態を大きく変化させ、そこでは多くのことが機械化され、人工化する。生産過程では、人工的に改造された環境下で、遺伝子操作などによって改造された生物が生産されるようになる。生産されたものの流通では、情報はすべてコンピュータによって管理・処理され、実際のものを輸送するのが人間になる。消費活動も注文はすべてネットで行われ、輸送と配達は人間が行う。その結果、まず人間―人間の関係の中で仕事が進められてきたものが、人間―コンピュータ―人間といったコンピュータを介しての人間の関係に変化してくる。処理速度が速く、また煩わしい人間関係のことを考える必要もないことから、必然的にこうしたシステムに置き換わってしまうだろう。その結果、人間－人間の関係性が希薄化した人工的なシステムの中で人間が生きていくようになると、倫理や徳と言ったものの役割が次第に失われていく可能性がある。

また、その一方で人間の役割が大きく変化してくる。システムの運営をこれまで人間が行っていたところが、システムを設計する一部の人間は別にして、ほとんどの人間は社会システムの補助的な役割に成り下がってしまう可能性がある。つまりメインはあくまでコンピュータを中心としたシステムで、人間はそのシステムの維持、補修、補完的な作業や、コンピュータによって指令された情報に基づき物資を輸送、配達、あるいはその処理によって生じた苦情の処理をすればよくなる。これはまさに、人間が、人間がつくったシステムによって使われることを意味する。そこでは、社会システムの中での人間を復権する必要が生まれてくるだろうし、また人間にとって科学技術の発展は目的ではなく、あくまで手段であることを再認識する必要が生じてくるだろう。

もう一つ考えておくべきことは、人間の能力は使わなければ、退化することである。一方、コンピュータやロボットの場合は一度獲得した能力が減退することはなく、新たな能力が蓄積されていく。しかも人間の場合、新たに生まれた人間は、常にゼロから出発しなければならないのに対して、コンピュータやロボットの場合は能力を引き継いでいくことができる。これは教育システムの構築にとって大きな課題になる。世代を経るごとにロボットはその能力を高め、進化するが、人間の場合は技能を引き継がなければ、その技能は廃れてしまう。こうして、次第に人間の役割が縮小していくであろうし、また開発側の人間を育成する上では、特定の能力を次々に高めなければ新たなロボットの開発ができなくなるために、教育は特化した能力を育成するためのシステムを構築しなければならなくなる。しかし、これは人間を総合的にとらえる視点をもった人間が失われていくことを意味し、人文・哲学・宗教といった人間を総合的に把握する分野の発展がなければきわめて危険な社会を生み出さないとも限らない。

（2）精神的な充足における課題

科学技術の発展は確かに生活を快適に、豊かにすることに大きく寄与するが、物質的な充足が必ずしも人間の幸福や精神的な充足に結びつかないことがわかってきている。21世紀の科学技術を考える場合、このことは大きな課題である。科学技術の発展すべてを否定するものでは決してないが、科学技術に求められるものは快適さや豊かさだけでなく、幸福感の充足は不可欠である。しかし、そもそも幸福とは何を指しているのか、人間の精神的な充足には何が必要かといった基本的なことが明らかではない。したがって、まずそのことを明らかにする必要があるだろう。その上で、精神的な充足感を満たすような、精神面の要素を取り入れた科学技術のあり方を模索する、あるいは科学技術を先導する哲学が必要である。しかしその一方で、投薬や遺伝子の発現などの技術で精神現象を操作できるようになると、さらに本質的な問題として人間とは何かが問われなければならない。

（３）学問のあり方に関わる課題

科学技術の進歩は学問の専門化、細分化によってもたらされてきた。その一方で、今問われていることは科学技術の社会への影響である。しかし、そうした社会への影響がどのようなものになるかを予想することは極めて難しい。むしろ社会への影響といった全体観に立って科学技術を進歩させようとする動きがないことが憂慮される。

科学は真理を探究し、技術は具体的に役に立つものをつくる。しかしながら現在では、科学と技術は一体化し、科学で明らかになったことはすぐに技術に応用される。そのため科学も直接社会の役に立つような知識の獲得や、すぐに技術化されるような役に立つ分野の発展のみが期待されるようになっている。科学技術は、今や生命、人間、社会、環境をコントロールする術を身につけつつあるが、問題は、いったい誰がその科学技術自体の発展をコントロールできるかである。そこで考えなければならないことは、科学技術を作ってきた人間自身のことと、学問のあり方をいかにコントロールすべきかである。

確かに科学技術は人間が築き、発展させてきたものである。しかし、今、科学技術は独り歩きし、科学技術の発展をコントロールすべき人間が、科学技術のパラダイムの中で仕事をさせられているともいえる。パラダイムの中では次に発展すべき課題が明らかであり、その空白をどのようにして埋めていくかを人間が行っていることになる。すなわち、人間自身が科学技術のパラダイムの中で部品に化しているともいえよう。

もう一つは、学問の自由に対して、学問の進み方を制限するかどうかである。先に見たように、情報や生命に関わる科学技術の進み方を、このまま野放しにして、時代の流れに任せてよいかどうかである。社会システムは一体どこまで変化していくのであろうか、生命に関する理解は一体どこまで進むのであろうか、また生命の操作は一体どこまで可能になるのであろうか。疑問はつきない。何をどこまで知り得るかは、学問の限界に関する問題である。

一方、何をどこまで知るべきか、あるいは人間の欲求をどこまで実現すべきかには、倫理観や価値観が関係してくる。知ってしまったことを後戻りさせることはできない。ただ、知り得たことを技術化するかどうかは、別問題である。環境問題の解決には人間を発展させてきた本質的要素の一つである欲望を如何に制限するかが問われているが、学問の進展も人間の持つ欲望の一つである。先に述べたような精神を充足させるための科学技術の発展も望まれる一方で、その科学技術自体の発展を制限しなければならないような事態になることも十分あり得るであろう。

6　まとめにかえて

21世紀の科学技術の課題として、社会における人間の復権、人間らしさをどのようにして取り戻すか、また科学技術の発展を制限すべきかどうかが問われてくる。そこでは人間のことを探求してきた東洋の思想、哲学、宗教が大きな役割を果たすことが期待される。しかし、その一方で、科学技術の発展によって倫理や徳が失われていくことも考えなければならない。その意味では、今岐路に立っているともいえよう。

注

（1）文部科学省、「平成16年度版　科学技術白書」および「平成17年度版　科学技術白書」において詳細に検討されている。

（2）報知新聞（1901）「20世紀の豫言」１９０１年（明治34年）１月２－３日の新聞記事による。この報知新聞の記事の原文は、http://hochi.yomiuri.co.jp/img/info/his_yogen1.jpg（現在削除）によった。また、20世紀の予言に関する文献として、「二十世紀の予言」http://www.cao.go.jp/innovation/action/conference/minutes/minute1/yogen.pdf#page=1、また丑田俊二（2004）「21世紀の科学技術を予言する」http://www.chart.co.jp/subject/joho/inet/inet09/inet09-2.pdf、および横田順弥（1994）『百年前の二十世紀——明治・大正の未来予測』筑摩書房がある。

（3）表2に示した「9．コミュニケーション」の【音声言語によらないコミュニケーション】によれば可能性が示唆されている。

（4）ただし、是非は別にして、表2に示した「9．コミュニケーション」の【音声言語によらないコミュニケーション】や、「2．脳科学の発展」の【思考支援技術】によれば、遺伝子を介して直接伝搬するのではなく、親の記憶を子の脳に記憶させることが可能になるかもしれない。

（5）全米技術アカデミーは専門家の投票により20世紀の重要な技術開発としてGreatest Engineering Achievements of the 20th Centuryを発表し、ここに示した20分野をあげている。www.greatachievements.org

（6）科学技術庁、科学技術政策研究所、第4調査研究グループ、宇都宮博・小笠原敦・桑原輝隆（2000）「21世紀の科学技術の展望とそのあり方」
表2は、http://www.nistep.go.jp/achiev/ftx/jpn/mat075j/idx075j.html によるものを表形式に改めた。

（7）前出、丑田俊二（2004）

（8）山本修一（2013）「生命と環境の動的な関わり――阿頼耶識縁起とエピジェネティックス――」、所収『地球文明と宗教』東洋哲学研究所刊、61－77頁

第４章　グローバル・フェミニズムの潮流

栗原淑江

はじめに

グローバル時代といわれる昨今、政治・経済・文化・環境などをめぐる問題に対して、一国だけでなく地球的規模で取り組まざるをえない状況が現出している。女性をめぐる問題も例外ではない。人類の歴史上、長いあいだ女性は「一人前」の人間として扱われてこなかった。社会の諸制度や社会的役割などにおいて、「女子ども」とくくられ、従属的、二次的な存在とされてきたのであるが、それに対して、グローバルな規模で異議申し立てとその解決をめざす活動が展開されている。

女性の人権や役割が社会的課題として捉えられ始めたのは、近代に至ってからのことである。とくにフランス革命期に女性たちが活発に発言と行動を開始したことが知られている。その後、フェミニズムが誕生し、第一波、第二波のフェミニズムが展開する。フェミニズムが世界的な展開をみせた背景には、国際連合の一連のキャンペーンが果たした役割がある。フランス革命期の女性解放思想から、国連を中心とする現在の運動へとつづく潮流を、グローバル・フェミニズムということがある。

本稿では、グローバル・フェミニズムの源流と展開を概観し、グローバル時代における女性をめぐる課題とそれに対する取り組みを、国連の活動を中心に考察する。さらに、国連と関わりの深いＳＧＩ（創価学会インタナショナル）の思想や活動についても紹介したい。

1　フェミニズムの誕生と展開

第1節　フェミニズムの源流

フェミニズム（feminism）とは、女性解放思想・運動と訳され、男女同権主義にもとづく女性の権利拡張と、性差別のない社会をめざすものである。すなわち、女性の性別に起因する政治的・経済的・社会的・心理的差別の撤廃と、女性の能力と役割の発展をめざすものである。
まず、その源流ともいえる近代初期の思想についてみてみたい。

（1）フランス革命期の女性たち

女性の解放というテーマが思想としての形をとるようになるのは、一八世紀のフランス革命期以降といわれる。

革命前のフランスの体制は、一般にアンシャン・レジーム（旧体制）と呼ばれ、政治的には絶対王政が支配し、社会的には身分制と領主制が存続していた。それに対して、パリ市民が立ち上がったのが、一七八九年七月一四日のバスティーユ牢獄の襲撃である。アンシャン・レジームを打破すべく、自由・平等・友愛を掲げ蜂起したのである。翌月、革命の理念を表明する『人間および市民の権利の宣言』（人権宣言）が発せられる。

女性たちも果敢に革命に参加した。路上での立会演説会や革命的クラブに参加したり、独自の組織を形成して活動したりした。よく知られているのが、いわゆる「女たちの行進」である。一七八九年一〇月五日、パリの市場の女性たち七千人が、ヴェルサイユへと行進を始める。国王夫妻をパリに連れ戻すためである。翌日、国王一家はパリに赴き、まもなく議会もパリに移る。これが、革命をさらに進展させることになり、その後、国王夫妻の処刑、共和制の開始などへとつづいていく。

こうしたなかで、異議申し立てをしたのが、詩人で劇作家のオランプ・ド・グージュ(Olympe de Gouges 一七四八―九三年)であった。彼女は、フランス南部に生まれ、十七歳で結婚して息子を一人もうけるが、夫と死別後、パリに出て作家、詩人として活動するようになる。彼女は、『人権宣言』に謳われた「人間は生まれながらにして自由かつ平等な権利をもつ」というその「人間」のなかに、女性が含まれていないことに気づいた。その後に作られた法律で、女性の権利が剥奪されていることが判明したからである。たとえば、『人権宣言』が議会で採択された数日後、選挙制度の構想が明らかになるが、それは男子制限間接選挙で、女性は一切、排除されていたのである。

そこで彼女は、一七九一年に『人権宣言』の女性版ともいえる『女性および女性市民の権利宣言』を出版し、革命の自由と平等の原理を女性にも適用すべきであると主張した。前文と十七条から成るこの文書は、フランス革命期における女性の現状と課題を示すものとして重要なので、一部を抜粋してご紹介したい。

「前文

母親・娘・姉妹たち、国民の女性代表者たちは、国民議会の構成員となることを要求する。そして、女性の諸権利に対する無知、忘却、または軽視が、公の不幸と政府の腐敗の唯一の原因であることを考慮して、女性の譲りわたすことのできない神聖な自然的権利を、厳粛な宣言において提示することを決意した。この宣言が、社会全体のすべての構成員に絶えず示され、かれらの権利と義務を不断に想起させるように。女性市民の要求が、以後、簡潔で争いの余地のない原理に基づくことによって、つねに憲法と良俗の維持と万人の幸福に向かうように。

こうして、母性の苦痛のなかにある、美しさと勇気とに優れた女性が、最高存在の前に、かつ、その庇護のもとに、以下のような女性および女性市民の諸権利を承認し、宣言する。

第一条　女性は、自由なものとして生まれ、かつ、権利において男性と平等なものとして生存する。社会的差別は、共同体の利益にもとづくのでなければ、設けられない。……

第三条　すべての主権の淵源は、本質的に国民にあり、国民とは、女性と男性の結合にほかならない。いかなる団体も、いかなる個人も、国民から明示的に発しない権威を行使することはできない。……

第一〇条　何人も、たとえそれが根源的なものであっても、自分の意見について不安をもたらされることがあってはならない。女性は、処刑台にのぼる権利がある。同時に、女性は、その意見の表明が法律によって定められた公の秩序を乱さない限りにおいて、演壇にのぼる権利を持たなければならない。……

第一三条　公の武力の維持および行政の支出のための、女性と男性の租税の負担は平等である。女性は、すべての賦役とすべての激務に貢献する。したがって、女性は、〔男性と〕同等に、地位・雇用・負担・位階・産業に参加しなければならない[1]」。

ここには、『人権宣言』をもじった箇所も多くみられ、当時の女性たちがどのような立場に置かれ、新時代に何を期待したのかをうかがわせて興味深い。これは、従来、政治的にも経済的にも主体者ではなかった女性たちの、高らかな「人権宣言」であるといえよう。

しかし、革命の成果を女性にも及ぼそうとした彼女の期待は、みごとに裏切られてしまう。革命の中心者であったロベスピエールたちはこうした考えを理解せず、彼を批判したグージュは、出版から二年後の一七九三年、反革命の罪で処刑されてしまうのである。四十五歳の若さであった。皮肉にも、「処刑台にのぼる権利がある」との言葉が現実のものとなってしまったといえる。

革命後に成立した『ナポレオン法典』（一八〇四年）では、妻は人格、財産、生活のすべてにおいて夫に管理されるという、夫権の絶対性、妻の服従規定が明文化された。フランス革命の成果を定着させ、近代社会の基礎を築いたといわれるナポレオンであるが、こと女性観に関しては、むしろ後戻りをしてしまったと考えられるのである

またイギリスでは、同時期に、メアリ・ウルストンクラフト（Mary Wollstonecraft 一七五九―九七年）が活躍した。[2] 彼女は、グージュが生きた時代のイギリスで、没落する中産階級の家に生まれた。この時代は、「産業革命のうねりとフランス革命の荒波がぶつかり合う二重革命の時代[3]」であった。すなわち、「産業革命は、小農民を駆逐し、熟練職人の意義を奪い、大量のプロレタリアート、特に女性と児童を労働市場に駆り出すなどして、人びとの生活を根底から変えつつあった。他方この時代には、啓蒙思想の発達、アメリカの独立、特にフランス革命の影響によって〝人間の権利〟が強く主張され、フランス革命に対する共感と嫌悪が激しく火花を散らし、保守に対する革新、歴史と伝統に対する理性・自由・平等思想の対立が交差していく[4]」のである。

そうした時代背景のもと、彼女は、学校経営や家庭教師業のかたわら、文筆で生計を立て、

多くの書を著した。よく知られているのが、『女性の権利の擁護』（一七九二年）である。[5] 本書で彼女は、女性も男性と同じ理性をもつものであるとし、女性の役割に期待した。すなわち、

「もしも本当に、女性が理性的な人間らしく行動することができるとするならば……彼女たちを奴隷のごとく扱ってはならない。あるいは、男性と交際する女性を、男性の理性に依存する獣の如く扱ってはならない。女性にその精神を磨かせよ。女性に、世の役に立つ崇高な原理というくつわを与えよ。そして、自分たちは神にのみ従っているのだということを彼女たちに自覚させて、彼女たちに尊厳を意識させよ。女性を男性にとって心地良い存在にするために道徳に性差別を持ち込むことなどしないで、男性と同じように、本来の摂理に従うように彼女たちを教育せよ[6]」。

そして、女性の教育権・市民権・公民権を認めることを要求し、女性も職業をもつことによって経済的に夫から独立することが必要であると主張したのである。

現在、ウルストンクラフトは高く評価されつつある。たとえば次のような指摘がある。

「女性に対する『教育の機会均等、道徳的、知的存在としての自立、社会的偏見の除去、法の前の平等、婚姻における不平等の除去、就職の機会の保障、経済的自立、政治的権

利の保障』など、その後の女性解放運動で主張されたさまざまな問題がほとんどすべて提出されており、『多様な問題を相互に対立させることなく、女性解放という一つの方向に集約させた』という点で現代においてもまだ前衛的な視角を保っている」[7]。

しかし、ウルストンクラフトは社会的な理解を得ることなく、出産後まもなく容体が急変したため、三十八歳で早逝してしまう。

フランス革命期に生きたグージュとウルストンクラフトは、その後、長い間、忘れられた思想家にとどまっていた。しかし、昨今のフェミニズムの潮流のなかで再発見されたのである。本格的に女性解放の動きが起こるまであと一歩の時代であった。その前夜の産みの苦しみを体現したのが、この二人であったといってよいであろう。

第2節　第一波のフェミニズム

フランス革命期以降の女性解放思想や、社会主義的な女性解放思想、それにボーヴォワールの頃までの女性解放思想を含めて、第一波のフェミニズムということがある。運動としては、一九世紀半ばから二〇世紀にかけて行われた婦人参政権獲得運動に代表される女権拡張運動などがある。

一九世紀に入ると、イギリスの経済学者ジョン・スチュワート・ミル（John Stuart Mill 一八〇六―七三年）が『女性の隷従』（一八六九年）を発表し、その後の女性解放運動に理論的根拠を与えた。彼は、女性に対する偏見や差別は過去の奴隷制度の遺物であると指摘した。そして、慣習と制度の変革による女性解放は、社会と個人にとって大きな利益をもたらすという、功利主義的結論を導いたのである。しかし、ミルが男女平等を説いた時には、世間一般の人々は困惑し、嘲笑さえしたという。

一方、女性解放の問題は、社会主義思想のなかでも取り上げられた。空想的社会主義者シャルル・フーリエ（Charles Fourier 一七七二―一八三七年）は、ファランジュとよぶ生産と生活の共同社会を建設して女性を解放しようとし、サン・シモン主義者たちは、フーリエの影響のもとに女性解放運動を展開した。また、アウグスト・ベーベル（August Bebel 一八四〇―一九一三年）は、『女性と社会主義』（一八七九年）において、女性の経済的・精神的な自立は男性の自立をも意味するものであり、社会主義社会においてそれがはじめて実現すると主張した。

二〇世紀に入ると、生物学や精神分析学が発達し、男女の生物学的差異と女性解放との関連に注目が集まる。エレン・ケイ（Ellen Karolina Key 一八四九―一九二六年）は、『恋愛と結婚』（一九一一年）において、母性主義的女性論を展開した。すなわち、人間の生存のためにはより良い子どもの成育が必要であり、そのためには母性が重視されるべきであるとしたのである。

また、未開社会に関する研究を行った文化人類学者たちが、男女の性別役割についての固定観念を打ち破ることになった。『男性と女性』（一九四九年）を著したアメリカの文化人類学者マーガレット・ミード（Margaret Mead　一九〇一―七八年）は、サモアやニューギニア等で調査を行い、男女の性別役割や男らしさ・女らしさの観念は社会的につくられたものであることを示した。彼女は、性別役割の文化的相対性を強調し、男女間には生殖機能の相違以外には本質的な差はないと主張したのである。

二〇世紀前半の二つの世界大戦は、女性解放を人類共通の課題にした。大戦を契機に女性が大量に職場に進出したことや、多くの国で婦人参政権が実現したことは、女性に自らの能力への自信を与えることになった。

第二次世界大戦後に発表された、フランスの女性哲学者シモーヌ・ド・ボーヴォワール（Simone de Beauvoir　一九〇八―八六年）の『第二の性』（一九四九年）は、現代の女性解放運動に強い影響を与えた。この書のなかで彼女は、「人は女に生まれない。女につくられるのだ」、つまり男性中心の社会・文化の中で「女」という社会的存在につくられていくのだと主張した。彼女は、ジェンダーという言葉は用いなかったが、性が社会的・文化的・歴史的に構成されるものであることを明らかにしたのである。彼女の立場は、男女平等を第一義とし、男性と同じ資格で、女性も社会制度のなかで権力を掌握しようとするものである。そして、女性の自立は経済的基盤によるとし、必要に応じて女性的、母性的とされる属性を捨てるべきとするものでもあった。

第3節　第二波のフェミニズム

第一波のフェミニズムに対し、一九六〇年代半ばのアメリカで発生し、急速に世界中に広まったウーマン・リブ運動（Women's Liberation Movement）と、その展開である女性解放思想を、第二波のフェミニズムという。これは、社会制度の変革のみならず、日常生活における社会通念や慣習における性差別にまで目を向け、それからの解放をめざすものである。すなわち、性差別は、法制度をはじめとする社会制度にだけではなく、日常生活における意識や考え方にまで入り込んでいることが指摘され、意識改革の必要性が主張される。そして、政治的・経済的・社会的・心理的なあらゆる形態における性差別の撤廃と、女性解放がめざされるのである。

第二波のフェミニズムの代表的な思想家・運動家として、ベティ・フリーダン（Betty Friedan　一九二一―二〇〇六年）がいる。一九六〇年代のアメリカで、中流といわれる豊かな階層の女性たちが自らの生き方に疑問を呈し始めた。「自分らしく生きたい」との思いを声に出すようになったのである。ベティ・フリーダンは、そうした状況を『新しい女性の創造』[8]で明確に示した。この書は、彼女が、母校であるスミス女子大学の同期生たちにアンケートを取り、その結果を分析、解釈したものである。

郊外の広い家に、やさしい夫とかわいい子どもたちと住み、クッキーを焼きながら家族の帰りを待つ。誰もがうらやむ生活。でも彼女たちは、何か違うという思いを抱く――幸福だけど、何か満たされない。本当にこういう生き方でいいのかしら。私にも夢があったはずだ。周囲に語っても、わがままだとかぜいたくだとか言われるだけ。精神分析を受けても、多くは男性医師によるカウンセリングは、従来の女性像に押し込めようとするだけ。多くの中流女性たちは、出口のない悩みを抱え込んでいたのである。

この書の「はしがき」で、フリーダンは次のように記している。

「アメリカの女性が現在窮地におかれているのは事実である。やむをえずこの現実を認めた専門家たちは、今、女らしさを賛美する人たちがつくりあげたイメージに、女性を従わせようと必死の努力を続けている。私がこの本で示した解決法は、社会の改革を必要とするのだから、おそらく専門家や女性自身を困らせるだろう。

しかし、私は、女性も社会から影響を受けるだけでなく、社会に影響をおよぼすことができ、最後には男性と同じように、自分で自分の生き方をきめられるようになり、自分の生涯を幸せにすることも、不幸にすることもできるようになると信じている」(9)。

アメリカの中流階級の主婦の間に広がった不安や悩みに注目し、その根底には女性の家庭内奴隷化があると指摘した本書は、多くの女性たちの共感を呼び、広範な女性解放運動を巻き起こした。こうした運動は、またたくまに各地に広まり、一九六六年には「全米女性連盟(NOW/National Organization of Women)」の結成へと進む。

フェミニズムのうち、自由主義を基盤にして発展したものはリベラル・フェミニズムとよばれ、フェミニズムの主流となっている。近代的人権の獲得をめざし、近代的な諸制度を改革し、近代の徹底化をはかろうとするもので、依然として広範な支持を得ている。リベラル・フェミニズムは、一九七五年の「国際女性年」、さらに一九七五—八五年の「国連女性の十年」をきっかけとして、世界的規模で、各地の運動を結びつけながら、女性解放を世界的枠組みのなかで考えようとしている。そうした意味で、グローバル・フェミニズムといわれているのである。

一方、社会主義思想に基づくソーシャル・フェミニズムも、引きつづき展開する。マルクス主義と結合したフェミニズム理論として、マルクス主義フェミニズムがある。そこでは、階級支配と男性支配という異なる原理の相互関係のなかから女性差別が形成されるとし、資本主義社会での女性の抑圧は、無償の家事労働によって維持される家父長的関係と、そうした家事労働を前提として成立する資本主義的生産様式との結びつきから生じると指摘する。

また、ラディカル・フェミニズムは、従来のフェミニズムの改良主義的な姿勢は表面的な平等をめざすにすぎないと批判し、社会主義革命によってこそ男女差別は解消すると主張するものである。そして、家父長制は男性による女性支配であるとし、女性の抑圧こそあらゆる抑圧の根源であるとして、既存の男性中心主義的な文化を批判するのである。

さらに、産業文明への批判、自然との共生という問題意識をエコロジー運動と共有して現れたものとして、エコロジカル・フェミニズムがある。そこでは、従来の産業文明を支えてきた競争・能率・拡大といった諸原理を「男性原理」として批判し、自然に対して親和的で自然との共生をめざす「女性原理」こそ重視されるべきだとする。近代的な思考があまりにも観念化した結果、人間の直観的能力や身体表現、あるいは生きた現実である具体性への関心が失われたとして、女性の身体性や母性を高く評価するのである。その他、数多くの立場のフェミニズムが主張されている。

このように、近代初頭に芽生えたフェミニズムの潮流は、二〇世紀半ばにいたって、広範な思想・運動となり、世界的な規模で論じられ、行動へと移されるようになったのである。

2 女性の問題をめぐる国連の活動

第1節 「国際女性年」と「世界女性会議」

社会のさまざまな領域で女性をめぐる諸問題が取り上げられるなかで、それを強力に後押しし、女性たちの活動を刺激し、促進したのが国際連合である。なかでも画期的なものとして、国連による「国際女性年」をめぐる一連の活動がある。

「国際女性年」は十年間にわたったキャンペーンであった。一九七五年を「国際女性年」とし、メキシコで「国際女性年世界会議」を開催した。さらに一九七五年から八五年までを「国連女性の十年」と定め、女性の地位向上を「平等・発展・平和」のスローガンのもとに世界的に推進するプログラムを企画したのである。このプログラムには、各国の政府代表やNGOのメンバーなどが参加した。

第一回世界女性会議は、メキシコ・シティーで開催され、百三十三カ国の代表が集った。メインテーマは「平等」「発展」「平和」、すなわち、①男女平等の促進、②開発努力への女性の全面的な参加の確保、③国際平和への女性の貢献に関する行動を強化することであった。[10]ワルトハイム事務総長（当時）が、「世界には数々の差別があるが、女性差別ほど、大がかりなものはない。なぜならば、世界の人口の半分が差別されているからである」とスピーチしたことはよく知られている。

同会議で採択された「メキシコ宣言」は、「女性があらゆるレベルの政策決定により大きく平等に参加することが、開発の速度と平和の維持を促進するのに決定的に寄与する」こと、また、「すべての国の男女が平等の権利と義務を持つべきであり、男女がこの権利義務を獲得しこれを行使するために必要な条件を作り出すことはすべての国家の課題である」ことを強調した。また、「行動計画」は、「国際女性年」の目的について、「女性が真の、かつ完全な意味で、経済的・社会的・政治的生活に参加するような社会の概念を定め、社会がそのように発展していくための戦略を作り出すこと」としている。

第二回世界女性会議は、一九八〇年にコペンハーゲンで、「国連女性の十年中間年世界会議」として開催され、百四十五カ国から参加者が集った。メキシコ会議での「行動計画」が五年間でどの程度達成されたかを確認し、後半の五年間の活動方針を検討することが目的であった。

画期的なのは、一九七九年に国連で採択された「女性に対するあらゆる形態の差別の撤廃に関する条約」（女性差別撤廃条約）の署名式を行ったことである。これには日本を含む多くの国が署名した。その一部を抜粋して示そう。

「第一条

この条約の適用上、『女子に対する差別』とは、性に基づく区別、排除又は制限であって、政治的、経済的、社会的、文化的、市民的その他のいかなる分野においても、女子（婚姻をしているかいないかを問わない。）が男女の平等を基礎として人権及び基本的自由を認識し、享有し又は行使することを害し又は無効にする効果又は目的を有するものをいう。

第二条

締約国は、女子に対するあらゆる形態の差別を非難し、女子に対する差別を撤廃する政策をすべての適当な手段により、かつ、遅滞なく追求することに合意し、及びこのため次のことを約束する。

（a）男女の平等の原則が自国の憲法その他の適当な法令に組み入れられていない場合にはこれを定め、かつ、男女の平等の原則の実際的な実現を法律その他の適当な手段により確保すること。

（b）女子に対するすべての差別を禁止する適当な立法その他の措置（適当な場合には制裁を含む。）をとること。

（c）女子の権利の法的な保護を男子との平等を基礎として確立し、かつ、権限のある自国の裁判所その他の公の機関を通じて差別となるいかなる行為からも女子を効果的に保護することを確保すること。

（d）女子に対する差別となるいかなる行為又は慣行も差し控え、かつ、公の当局及び機関がこの義務に従って行動することを確保すること。

（e）個人、団体又は企業による女子に対する差別を撤廃するためのすべての適当な措置をとること。

（f）女子に対する差別となる既存の法律、規則、慣習及び慣行を修正し又は廃止するためのすべての適当な措置（立法を含む。）をとること。

（g）女子に対する差別となる自国のすべての刑罰規定を廃止すること」（内閣府仮訳）。

このように、社会のあらゆる領域で性差別を撤廃しようとするのが、この条約であった。その後、日本も行動計画を作成し、一九八五年に批准した。ちなみに、この過程で日本で制定されたのが、「男女雇用機会均等法」である。

第三回世界女性会議は、一九八五年にナイロビで「国連女性の十年最終年世界会議」として開かれ、百五十七カ国から参加者が集った。ここでは、十年間の成果が確認されるとともに、いまだ目的は完全に達成されていないとし、「二〇〇〇年に向けての女性の地位向上のための将来戦略」（ナイロビ将来戦略）が採択された。

その十年後の一九九五年、北京で第四回世界女性会議が開催された。参加者は百八十一カ国のメンバーであった。この会議では、「行動綱領」と「北京宣言」を採択した。「北京宣言」の一部を抜粋する。

「一　我々、第四回世界女性会議に参加した政府は、……、

三　全人類のためにあらゆる場所のすべての女性の平等、開発及び平和の目標を推進す

ることを決意し、

四　あらゆる場所のすべての女性の声を受けとめ、かつ女性たち及びその役割と環境の多様性に留意し、道を切り開いた女性を讃え、世界の若者の期待に啓発され、

五　女性の地位は過去十年間にいくつかの重要な点で進歩したが、その進歩は不均衡で、女性と男性の間の不平等は依然として存在し、主要な障害が残っており、すべての人々の安寧に深刻な結果をもたらしていることを認識し、

六　また、この状況は、国内及び国際双方の領域に起因し、世界の人々の大多数、特に女性と子どもの生活に影響を与えている貧困の増大によって悪化していることを認識し、

七　無条件で、これらの制約及び障害に取り組み、世界中の女性の地位の向上とエンパワーメント（力をつけること）を更に進めることに献身し、また、これには、現在及び次の世紀へ向かって我々が前進するため、決意、希望、協力及び連帯の精神による緊急の行動を必要とすることに合意する。……

我々は、以下のことを確信する。

一三　女性のエンパワーメント及び意思決定の過程への参加と権力へのアクセス（参

入）を含む、社会のあらゆる分野への平等を基礎にした完全な参加は、平等、開発及び平和の達成に対する基本である。

一四　女性の権利は人権である。

一五　男性と女性による平等な権利、機会及び資源へのアクセス、家族的責任の公平な分担及び彼らの間の調和のとれたパートナーシップ（提携）が、彼ら及びその家族の安寧並びに民主主義の強化にとってきわめて重要である。……

一九　あらゆるレベルにおいて、女性のエンパワーメント及び地位向上を促進するであろう効果的、効率的、かつ相互に補強しあうジェンダー（社会的、文化的性差）に敏感な開発政策及びプログラムを含む政策及び計画を、女性の完全な参加を得て、立案、実施、監視することが必須である。……」（内閣府仮訳）。

また、同会議で採択された「行動綱領」における十二の領域は、女性の問題を考える上での枠組みとなっている。(11) さらに、同会議では、従来看過されがちだった「南北問題」が大きく取り上げられたことが注目される。「女性は皆、同じ状況に置かれている」との素朴な考え方に疑問が呈され、より実態に即した議論が行われることになったのである。

さらにその五年後の二〇〇〇年六月、ニューヨークで国連特別総会「女性二〇〇〇年会議」が開催され、百八十カ国から参加者が集った。この特別総会の目的は、北京会議で採択された「行動綱領」等の各国での実施状況を評価し、今後の活動について検討することであった。議論が紛糾するなか、六日間にわたる会議は、「政治宣言」と「成果文書」を採択して幕を閉じた。会議で提起された課題を持ち帰った人々は、新たな闘いを開始したのである。

こうした世界女性会議の開催とならんで、国連の会議で女性の問題がクローズアップされたものがある。その一つが、一九九三年に開催された「ウィーン国連世界人権会議」である。ここでは、女性に対する暴力は重大な人権侵害であることが確認された。すなわち、「女性への人権侵害の国際法廷」が開催され、①家庭における暴力、②女性に対する戦争犯罪、③女性の身体の尊厳の侵害、④社会・経済的な権利の剥奪、⑤政治的拷問と差別、について語り合われたのである。

次に、一九九四年八月にエジプトのカイロで開催された「カイロ国際人口・開発会議」がある。この会議のテーマは人口爆発をいかに抑制するかという人口政策であったが、画期的なのは、今まで男性中心に論じられてきた人口政策に、はじめて本格的に女性の視点が導入されたことである。

この過程で注目されたのが「リプロダクティブ・ヘルス／ライツ」の考え方である。これは、「性と生殖に関する健康／権利」と訳され、生殖を含めた女性の自己決定権を重要視するものである。具体的には、女性が望まない妊娠・出産、避妊方法、不妊手術、人工妊娠中絶などが問題とされ、女性の「産む権利・産まない権利」の重要性が確認された。会議は、さまざまな社会的・宗教的背景のなかで議論は紛糾したが、男性中心に論じられがちであった人口問題が、女性の生き方との関わりで論じられたことの意味は大きい。

これ以降も、国連が主催する各種会議において、女性が多く参加し、発言・行動することが多くなり、グローバルな視点で女性の問題を考える傾向が強まっている。

第2節　「平和の文化」の提唱と「国連安保理決議一三二五」

それらの諸領域とともに、女性が大きく関わる領域が平和の問題である。もちろん平和は男女ともに共働して実現すべきものであるが、従来、女性が主体的に関わる機会が少なかったことを考えると、女性の社会貢献を考える上で重要な領域であるといえる。

国連が推進しているものに、「平和の文化」のキャンペーンがある。国連は一九九九年、国連総会において「平和の文化に関する宣言と行動計画」を採択し、翌二〇〇〇年を「平和の文化国際年」とした。また二〇〇一年から二〇一〇年を「世界の子どもたちのための平和の文化と非暴力の国際十年」と定めた。国連は、「平和の文化」の構築を二一世紀における主要な課題と位置づけ、精力的にこの問題に取り組み始めたのである。

「平和の文化に関する宣言」第一条には、次のようにある。

「平和の文化とは次に掲げるような価値観、態度、行動の伝統や様式、あるいは生き方の一連のものである。

（a）教育や対話、協力を通して生命を尊重し、暴力を終わらせ、非暴力を促進し、実践すること。

（b）国連憲章と国際法の精神にのっとり、本来それぞれの国の国内法下にある諸事態には、その国の主権や領土の保全、ならびに政治的な独立の原理を十分に尊重すること。

（c）全ての人権と基本的な自由を十分に尊重し、それを促進すること。

（d）紛争の平和的な解決に向けて責任を負うこと。

（e）現代ならびに未来の世代が、開発と環境を享受できるように努力すること。

（f）発展の権利を尊重し、それを促進すること。

（g）女性および男性の平等の権利と機会均等を尊重し、それを促進すること。

（h）表現や意見、情報の自由に関するすべての人の権利を尊重し、その促進をすること。

（i）社会と国家のあらゆるレベルにおいて、自由、正義、民主主義、寛容、連帯、協力、多元主義、文化的多様性、対話そして相互理解という原則をまもること、そして平和の文化は、平和に貢献する国内的そして国際的環境によって励まされること。（平和の文化をきずく会訳「平和の文化に関する宣言」）

このなかで、（g）にみられるように、男女平等が「平和の文化」の重要な要素と考えられている。

また国連は、「平和の文化」の精神を六点にまとめ、「私の平和宣言・マニフェスト二〇〇〇」として、世界中で署名運動を展開した。すなわち、

①私は、あらゆる人の生命を尊重し、差別をしません。（Respect all life.）

②私は、積極的に非暴力を実践し、弱い人への暴力を許しません。（Reject Violence.）

③私は、自分の時間と物質的資源をみんなと分かち合い、独り占めしません。（Share with others.）

④私は、常に対話をしながら、表現の自由と文化的多様性を守ります。(Listen to understand.)

⑤私は、地球環境を守るために、資源を無駄にしません。(Preserve the Planet.)

⑥私は、すべての人とともに新しい連帯を創造していきます。(Rediscover Solidarity.)

である。このように、「平和の文化」運動は、世界中のあらゆるレベルで活発に展開され、二一世紀のキーワードとなりつつあるのである。

さらに国連は、二〇〇〇年一〇月に「安保理決議一三二五」を採択した。これは、「安全保障理事会決議としてはじめて、戦争が女性に及ぼす独特の、不当に大きな影響を具体的に取り上げ、紛争の解決と予防、そして平和構築、和平仲介、平和維持活動のあらゆる段階への女性の貢献を強調した[12]」ものである。

その一部として、具体的な行動目標を紹介する。

「一　紛争の予防、管理、解決に向けた活動を行う国内・地域・国際組織および機関のあらゆる意思決定レベルにおいて女性の参加がさらに促進されるよう加盟国に促す。……

三　よりよい事務所形態を追求するために、より多くの女性を特別代表や使節として任命するよう事務総長に促す。そのために人材登録名簿を定期的に更新し、よき人材を事務総長に提供するよう加盟国に求める。

四　国連の現地活動、特に軍事監視、民間警察、人権及び人道に関する活動において女性の役割と貢献が拡大されるよう事務総長に促す。

五　国連安全保障理事会は平和維持活動において、ジェンダーの視点に立った活動が行われることが望ましいことを表明する。適性に応じて現地の活動にジェンダーの要素を取り入れることを保障するよう事務総長に促す。……

八　和平協定の交渉および実施に際しては、全ての関係者がジェンダーの視点を取り入れることを求める。……

一五　安全保障理事会は、ジェンダーに基づく配慮と女性の権利を考慮しつつ任務を遂行することを表明する。これらは、現地および国際女性団体との対話等をも通じて行われる。

一六　事務総長に対し、武力紛争が女性および少女に与える影響や、平和構築における女性の役割、和平プロセスと紛争解決におけるジェンダーに関する側面の研究を実施するよう招請する。またさらに、安全保障理事会に研究結果を報告し、すべての国連加盟国がこの報告を活用できるようにするよう招請する。

一七　事務総長に対し、平和維持活動やその他の女性や少女に関わる活動におけるジェンダー主流化の進展について、必要に応じて安全保障理事会への報告に盛り込むよう求める(13)」。

このように、この決議は、平和をめぐるあらゆるレベルで女性の参加を増大させ、女性の保護に注意を払い、紛争終結後にも女性の視点を取り入れるとともに、国連の平和活動にジェンダーの視点を取り入れようとするものである。これにより、平和の創出に果たす女性の役割が具体的に示され、期待が寄せられた。従来、もっぱら戦争の被害者として扱われることの多かった女性を平和創出の主体者として位置づけた、画期的な決議であるといえる。

さらに国連は、女性のさらなる地位向上をめざし、二〇一〇年一〇月に、「ＵＮウィメン（United Nations Entity for Gender Equality and the Empowerment of Women）」を設立し、二〇一一年一月に活動を開始した。これは、従来の国連女性開発基金（ＵＮＩＦＥＭ）、女性の地位向上部（ＤＡＷ）、国連国際女性調査訓練研修所（ＩＮＳＴＲＡＷ）、ジェンダー問題と女性の地位向上に関する事務総長特別顧問室（ＯＳＡＧＩ）の四組織を統合したものである。

二〇一〇年九月に、前チリ大統領のミシェル・バチェレ氏がUNウィメンの初代事務局長に任命され、同月に就任。二〇一三年七月には、元南アフリカ副大統領のプムズィレ・ムランボ・ヌクカ氏が第二代事務局長に任命され、八月に就任している。

UNウィメンの優先課題領域としては、次のようなものがあげられている。

「1　女性のリーダーシップと参画を拡大
2　女性の経済的エンパワーメント及び機会の増進
3　女性と女児に対する暴力の予防及びサービスへのアクセス拡大
4　平和・安全・人道的対応における女性のリーダーシップの拡大
5　あらゆるレベルの計画と予算におけるジェンダー平等への対応の強化
6　ジェンダー平等と女性のエンパワーメントに関するグローバルな規範、政策、基準の構築[14]」

このように国連は、女性をめぐる諸問題に対して、世界的規模で精力的に取り組んできた。女性をめぐる課題はまだまだ山積しているが、グローバル時代にふさわしい取り組みが各地域・各領域で行われているのは心強いことである。

3　「女性と国連」をめぐるSGIの思想と活動

第1節　池田大作SGI会長の視点

このような国連の動きについて、ＳＧＩ（創価学会インタナショナル）は、大きな関心をもち、賛同し、活動を展開している。ＳＧＩは、「ＳＧＩ憲章」（一九九五年制定）において、その目的と原則の第一項として、「ＳＧＩは生命尊厳の仏法を基調に、全人類の平和・文化・教育に貢献する」とし、グローバルな人間尊重・平和をめざすことを明記している。また、一九八三年には、国連経済社会理事会との協議資格を有するＮＧＯ（非政府組織）として登録され、国連支援の活動にも精力的に取り組んできた歴史をもつ。

ここでは、池田大作ＳＧＩ会長の視点について紹介したい。

（1）「平和の文化」をめぐって

まず、国連が推進する「平和の文化」については、池田ＳＧＩ会長は次のように指摘している。

『平和の文化』は、『戦争の文化』に対する言葉だ。それは、概略的にいえば、非暴力や対話、協調、寛容、希望、内発性、生命尊重などの価値観を重んじる生き方となるだろうか。……

平和の花を爛漫と咲かせる大地は、自分の足元にある。ゆえに日々の現実世界の中から、『平和の文化』は芽生え、育まれていくものだ。その最も貴重な教育者こそ女性なのである」[15]。


また、二〇〇〇年の「SGIの日記念提言」では、

「人類の長い歴史のなかで、戦争や暴力、圧政や人権抑圧、疫病や飢饉など、社会が混乱や不安に陥った時、最も苦しめられてきたのが女性たちでありました。

にもかかわらず、社会の歩みを絶えず『善』なる方向へ、『希望』の方向へ、『平和』の方向へと、粘り強く向けてきたのも、女性たちであったといえましょう。

マハトマ・ガンジーが〝もし『力』が精神の力を意味するのであれば、女性は計り知れないほど男性よりもすぐれている。もし、非暴力が、私たち人間の法則であれば、未来は女性のものである〟と強調していたように、希望の未来を開くカギは女性が担っているのです。

……こうした取り組みとともに欠かせないのが、日々の生活の中で『平和の文化』を具体的に創造していく挑戦でありましょう。

〝一人一人が日々、粘り強く平和の振る舞いを持続する過程のなかに『平和の文化』が存在する〟と訴える平和学者のエリース・ボールディング博士は、特にこの面での女性の役割を重視しています。

平和といっても遠きにあるものではない。他人を大切にする心を育み、自らの振る舞いを通して、地域の中で友情と信頼の絆を一つ一つ勝ち取っていくなかでこそ、世界は平和へと一歩一歩前進するのです。

毎日の振る舞い、そして地道な対話を通し、『生命の尊厳』『人間の尊厳』への思いを高め合うなかで、『平和の文化』の土壌は豊かになり、新しい地球文明は花開くのです。

女性に限らず、一人一人の人間が目覚め、立ち上がることこそ、社会が『戦争の文化』へと暴走するのを押し止めるブレーキとなり、平和の世紀を築く原動力となりましょう。……

『人間と人間の連帯』『心と心の連帯』の拡大こそが、『平和の文化』のほかならぬ実践であることを、改めて確認しておきたい。平和が人間一人一人の心のなかに根づいてこそ、『平和の文化』を全地球的規模に広げることができ、永続化させることができると私は確信するのです」

と論じている。

また、次のような指摘もある。

「二十世紀は『戦争の文化』の時代であった。計り知れないほど多くの母たち、女性たちの悲しみの涙が流された。だからこそ、二十一世紀は、母と女性が主役に躍り出て、晴れ晴れと『平和の文化』を創造しゆく時代とならねばならない[16]」。

こうしてみると、SGIは、国連が「平和の文化」を提唱する以前から、いわば創立当初から、「平和の文化」の理念を掲げ、その実現のための活動を展開してきたということもできるだろう。なかんずく、池田SGI会長は、その実践の主体者として、女性に大きな期待を寄せているのである。

また、先にあげた六項目の「私の平和宣言」についても、SGIの仏教思想の立場からは、次のように表現することができる。

①私は、あらゆる人の生命を尊重し、差別をしません。――すべての人が「仏性」をも

つ尊い存在であるとの、生命尊厳、人間尊厳の思想。
②私は、積極的に非暴力を実践し、弱い人への暴力を許しません。――不殺生（アヒンサー）の思想。
③私は、自分の時間と物質的資源をみんなと分かち合い、独り占めしません。――人間と人間、人間と自然との共生の思想。少欲知足の思想。
④私は、常に対話をしながら、表現の自由と文化的多様性を守ります。――すべての人が多様性をもち、その差異を認め合う「桜梅桃李」の思想。
⑤私は、地球環境を守るために、資源を無駄にしません。――環境と人間の一体性を説く「依正不二」の思想。
⑥私は、すべての人とともに新しい連帯を創造していきます。――すべての人が互いに関連しあって存在しているとする「縁起」の思想。

このように、ＳＧＩにとっては、「平和の文化」は目新しい概念ではなく、まさにＳＧＩが長年にわたりめざしてきたものであり、ＳＧＩが描く一つの理想社会のあり方であるといえる。そうしてみると、現在、ＳＧＩが「平和の文化」に賛同し、その構築に邁進しているのも、当然のことといえるだろう。

（2）「安保理決議一三二五」をめぐって

また、「安保理決議一三二五」については、当時、制定に尽力した国連元事務次長のチョウドリ氏（Anwarul K. Chowdhury 一九四三年―　）との対談で、次のようなやり取りをしている。

チョウドリ氏が、

「二〇〇〇年三月八日の『国際女性デー』は、私にとって特別な日であり、これからもそうであり続けるでしょう。人類にとっても歴史的な日となりました。……安保理は、女性が権力構造に平等に関わり、全面的に参加することを支持し、また、女性が紛争の予防と解決のあらゆる努力に全面的に関与することが、平和と安全保障の維持と推進には不可欠であると明言しました。

声明は、平和と安全保障に関して、『政策や活動全般にジェンダーの視点を取り入れる積極的で明確な方針作りを推進することの重要性』を強調しています。

女性に本来備わる『平和』と『安全保障』における役割が、国連の創設以来、長く認識されてこなかったのは残念なことです。女性は長い間、戦争や紛争の無力な被害者と見なされてきました。しかし、二〇〇〇年三月八日、これまで不可解にも見過ごされてきた女性の役割への認識が変わりました。その結果、この概念的、政治的大転換によって、八ヵ月後に安保理決議一三二五が全会一致で採択されたのです。

そして、この安保理決議一三二五は、今や、和平プロセスを含む全ての意思決定レベルへの女性の参加の必要性を説く国際社会の主張として、世界中に知られるようになりました[17]」

と発言したのに対して、池田ＳＧＩ会長は、

「その通りですね。『加盟国に対し、あらゆる意思決定レベルにおける女性の代表の増員を要請する』、そして『国連事務総長に対し、紛争解決と和平プロセスの政策決定レベルにおいて、女性の参加を促す戦略的行動計画を実施するよう要請する』等々――この十八項目からなる決議は、非常に画期的なものでした[18]」と応じている。

さらに、チョウドリ氏の

「二〇〇〇年の決議採択により、これまで平和構築や紛争後の計画に、繰り返し質的改善をもたらしてきた女性たちが長年待ち続けた〝チャンス〟という扉が、ようやく開かれたのです。この決議は、世界中の女性をはじめ多くの男性をも活気づけました。閉鎖的なクラブとして知られている安保理でさえも、女性と平和、そして安全保障に関する

四つの関連決議を採択し、前向きな姿勢を示したのです。……安保理の決議は、総じては国際社会に、別しては国連のすべての加盟国と組織に義務として適用されます。その結果、ＮＧＯ（非政府組織）、特に女性の分野のＮＧＯが誕生する機会が大いに増えました[19]」

との発言に対して、池田ＳＧＩ会長は、次のように応じている。

「よく存じ上げています。その後、『女性と平和・安全保障』の議題は、何度も安保理で取り上げられ、和平プロセスに女性が絶えず参加すべきであることを確認する議長声明も出されてきました。

毎年、決議一三二五が採択された月である十月に、安保理では同決議がどのように実施されてきたかを検証する実質的な討議が行われてきましたね。……

毎年の『ＳＧＩの日』記念提言などを通して、私も平和の創造に果たす女性の役割や、女性のエンパワーメント（能力開花）を進めていくことの重要性を論じ、訴えてまいりました。

世界の多くの識者との語らいのなかでも、地球的問題群を解決するためには、常に『女性の視点』や『母親の視点』を反映させる必要があるという点で深く一致してきました」と。[20]

このように、池田ＳＧＩ会長は、この安保理決議に賛同し、女性が平和の創出に力を発揮することを期待しているのである。

このように女性の尊厳を強調し、女性に期待を寄せるＳＧＩ会長の思想の根底には、仏教、なかんずく「法華経」における平等思想があると考えられる。

「法華経」には、「万人の成仏」、「永遠なる仏」、「菩薩道の実践」の三大思想が説かれているが、このうち、「万人の成仏」が、平等思想を示している。「法華経」においては、一切衆生が一念三千の当体であるとの考え方に立った「皆成仏道」の教えが説かれている。「方便品第二」に、「如来は但一仏乗を以っての故に、衆生の為に法を説きたもう」とあるが、一仏乗とは、一切衆生を等しく成仏させる教法のことである。

そうした立場から、「二乗作仏」や「女人成仏」が説かれたのである。とくに、竜女の成仏が描かれた「提婆達多品第一二」において、諸経典においては忌避され、資格を剥奪され、成仏を拒否されていた女性に、成仏の道が示された。これは画期的なことであり、女人成仏というと「法華経」が真っ先にあげられるゆえんである。

ＳＧＩでは女性の活躍が目立つことがよく指摘されるが、その思想的基盤は、ブッダの男女平等観、「法華経」における竜女の成仏、日蓮の女人成仏論などに脈々と流れてきた、一筋の女性解放思想の系譜といえる。池田ＳＧＩ会長の女性観は、その系譜につらなるものである。

現代社会において創立され、発展してきたＳＧＩも、仏教の「平等思想」に立ち、人種、民族、性別、職業、出自などの属性にとらわれず、多様な人々を主体者として活動を展開してきた。「桜梅桃李」の理念が示すように、さまざまな人々が各々の「仏性」を顕現し、自分らしく、自己実現と社会貢献の活動に邁進しているのである。

人類的課題が山積している現在、人類の運命を転換し、混迷に満ちた人類社会を平和へ、生命尊厳の方向へと転轍し、人間を最優先に考える社会を構築することが緊急の課題となっている。池田ＳＧＩ会長は、そうした潮流の主体的な担い手として、なかんずく女性に大きな期待を寄せている。痛みを知る人は、他者の痛みを聞き、汲み取り、慈愛をもって同苦するまなざしをもっている。従来無視されがちだった女性の視点・発想・行動に、未来を開く可能性がある、と。そうした立場から、各国の女性識者との対話を重ね、対談集も編んでいる。(21)

それに呼応して立ち上がり、仏教の深い哲理に根ざした女性たちの連帯の輪は、今や世界的規模へと拡大している。そして、二一世紀を、人間が大切にされ、男性も女性もともに責任を分かち合い、人間として伸びやかに自己実現し、社会に貢献しつつ、幸福感を満喫できる世紀とすべく、活発に活動を展開しているのである。

第２節　創価学会女性平和委員会の活動

最後に、そうしたＳＧＩ会長の思想と提言を受け、展開されている具体的な活動として、創価学会女性平和委員会のそれを手短かに紹介したい[22]。

創価学会婦人（現：女性）平和委員会は、一九八〇年一二月に発足した。池田ＳＧＩ会長が開いてきた平和への道を継承し、女性が先頭に立って訴えていきたいとの思いが結晶したものの一つであった。そのスローガンは『平和の文化』の太陽たれ」、モットーは「女性の平和意識を啓発　生命尊厳の思想を次代へ継承　『平和の文化』のネットワークを拡大」（二〇〇二年決定）である。

具体的な活動としては、戦争体験の証言集をはじめとする出版活動、講演会やセミナーの開催、展示活動、体験談発表大会などがある。

証言集の出版活動については、『聖教新聞』が次のように伝えている。

「この日は、同委員会の具体的な活動として予定している戦争体験の証言集の編さん、平和・文化講座の開催について、今後の進め方を協議した。

とくに、戦争体験の証言集の編さん方針としては、過去の戦争体験の記録にとどまらず、『今後けっして戦争を引き起こさないために何をなすべきか』『どのように平和運動に取り組んでいけばいいのか』など、仏法を基調として平和運動を推進する婦人の立場からの平和への叫びを盛り込み、次の世代に伝えていく内容にしてはどうか、との意見が出された[23]」。

とくに反響を呼んだのは、一九八一年から十年にわたって出版された、戦争体験者の証言集である。メンバー一人一人が、戦争体験者のもとを訪れ、重い口を開いて語ってもらった証言を筆に起こしていった。この証言集は全部で二十巻を数える[24]。

さらに、終戦六十年の二〇〇五年にも、戦争体験を継承し、記録する運動を展開した。その際、百八十名の証言を映像に収め、それをもとに三十一名の証言を収録したＤＶＤ『平和への願いをこめて』を制作した。すなわち、①被爆・広島、②被爆・長崎、③沖縄戦、④引き揚げ、⑤戦火の中の看護師たち、⑥戦時下の女性と子どもたち、⑦空襲、である。さらに、二〇〇九年には、これをもとに五言語（英語、スペイン語、フランス語、中国語＝繁体字・

簡体字、日本語）版ＤＶＤ『平和への願いをこめて――広島・長崎 女性たちの被爆体験』を作成した。これは、小中学校や、地域のセミナーなどで教材として用いられ、好評を博しているという。

また、平和・文化講座に関しては、内外の多くの研究者、実践者を招き、平和に果たす女性の役割、歴史にみる宗教の戦争への関わり、戦争を阻止するために女性はいかに力を発揮できるか、等の視点から平和運動の在り方を考える場として開催してきた。

また、同委員会は展示活動にも力を入れている。すでに、発足の翌年に、「女たちの太平洋戦争展」を東京で開催した。また、国連の「平和の文化」の提唱を受け、二〇〇二年には「平和の文化と女性」展を開始。二〇〇七年には全面的にリニューアルして。日本国内を巡回している。平和学者のエリース・ボールディング博士が監修に当たったこの展示は、女性のみならず多くの男性も鑑賞し、大きな反響を呼んでいる。

同委員会は、現在も活発に活動し、ＳＧＩ内外の友と平和の輪を拡大している。これは、ＳＧＩの一部の機関の活動であるが、ＳＧＩ会長が「ご近所から始まる世界平和」を提唱したように、「平和の文化」創出のための地道な活動が、百九十二カ国・地域で展開されているのである。

おわりに

長い間、従属的、二次的な人間とされてきた女性たちが、「女性の権利は人権である」(『北京宣言』)との宣言をするまでには、長い歴史を経なければならなかった。古代、中世、近世と時代がめぐっても、たとえば「三従思想」——結婚前は親に従い、結婚したら夫に従い、老いては息子に従う——などに見られるように、女性はつねに男性につき従うべき、自己決定権をもたない存在とされてきたのである。

そうした状況に異議申し立てをする女性たちが現れたのは、ようやく近代になってからのことであった。オランプ・ド・グージュやメアリ・ウルストンクラフトは、先駆者として果敢に自説を発表し、活動したが、十分な理解と実りを得ることなく早逝し、その後長い間、歴史の闇のなかに埋もれてしまっていた。

しかし、小さな泉から湧き出た流れは、枯れることはなかった。やがてフェミニズム思想として水かさを増し、二〇世紀半ばからは広範な人々を巻き込む大河となって流れ始めた。グローバル・フェミニズムの潮流である。この潮流をさらに力強いものとしたのが、国連による一連のキャンペーンであった。そして、それに賛同し、地道に活動を展開する団体も多く存在した。ＳＧＩもその一つである。

現代社会においても、女性をめぐる課題は多い。地域、文化によってさまざまな様相を呈している。筆者自身、世界女性会議などに参加するたびに、女性をめぐる問題はまさに多様であり、解決までにはまだ道は遠いことを実感する。しかし、着実な歩みがなされているのも確かである。多くの女性たちが、男女平等、共同参画への道を切り開きつつある。先駆者たちが押し開けてくれた重い扉が、ようやく開け放たれようとしているのである。この潮流がますます勢いを増すことを期待するものである。

注

（1）オランプ・ド・グージュ著／辻村みよ子訳「女性および女性市民の権利宣言」、一七九一年、辻村みよ子・金城清子著『女性の権利の歴史』岩波書店、一九九二年、二四三―二四五ページ。

（2）以下のメアリ・ウルストンクラフトに関する記述は、注（3）で示す白井堯子氏の訳書の「訳者解説」による。

（3）Mary Wollstonecraft, *A Vindication of the Rights of Women: With Strictures on Political and*

Moral Subjects, 1792. 白井堯子訳『女性の権利の擁護』未来社、一九八〇年、三六九ページ。

（4）同書、三六九ページ。

（5）他の著作としては、『女子教育考』（一七八七年）、『フランス革命の起源と進展についての歴史的道徳的考察』（一七九四年）、『メアリ』（一七八八年）、『女性への虐待』（一七九八年）などがある。

（6）『女性の権利の擁護』、七二ページ。

（7）井上洋子『ジェンダーの西洋史』法律文化社、一九九八年、三九ページ。

（8）Betty Friedan, *The Feminine Mystique*, 1963. 三浦冨美子訳『新しい女性の創造』大和書房、一九六五年。

（9）同書、六ページ。

（10）このうち、開発・環境に関する問題は、現在までグローバル・フェミニズムの一貫した重要なテーマとなっている。国連の「女性が前進するための調査・トレーニング研究所」のプログラムの研究成果の一つとしてまとめられたものに、次の書がある。Rosi Braidotti, Ewa Charkiewicz, Sabine Hausler, Saskia Wieringa, *Women, the Environment and Sustainable Development: Towards a Theoretical Synthesis*, INSTRAW, 1994. 壽福眞美監訳『グローバル・フェミニズム――女性・環境・持続可能な開発』青木書店、一九九九年。

（11）以下の十二項目があげられている。

A　女性への持続し増大する貧困の重荷、B　教育及び訓練における不平等及び不十分並びにそれらへの不平等なアクセス、C　保健及び関連サービスにおける不平等及び不十分並びにそれらへの不平等なアクセス、D　女性に対する暴力、E　武力又はその他の紛争が女性、特に外国の占領下に暮らす女性に及ぼす影響、F　経済構造及び政策、あらゆる形態の生産活動及び資源へのアクセスにおける不平等、G　あらゆるレベルの権力と意思決定の分担における男女間の不平等、H　あらゆるレベルにおける女性の地位向上を促進するための不十分な仕組み、I　女性の人権の尊重の欠如及びそれらの不十分な促進と保護、J　あらゆる通信システム、特にメディアにおける女性の固定観念化及び女性のアクセス及び参加の不平等、K　天然資源の管理及び環境の保護における男女の不平等、L　女児の権利に対する持続的な差別及び侵害。

(12) 国連広報センターホームページ。http://www.unic.or.jp

(13) 同右。

(14) 内閣府男女共同参画局ホームページ。http://www.gender.go.jp

(15) 池田大作「随筆　新・人間革命」、『聖教新聞』二〇〇二年一〇月一七日付。

(16) 池田大作『新・女性抄』潮出版社、二〇〇三年、五九ページ。

(17) アンワルル・K・チョウドリ／池田大作『新しき地球社会の創造へ　平和の文化と国連を語る』潮出版社、二〇一一年、三三四―六ページ。

(18) 同書、三三六ページ。

(19) 同書、三三六―八ページ。

(20) 同書、三三九―三四一ページ。
(21) 池田大作／アクシニア・ジュロヴァ『美しき獅子の魂　日本とブルガリア』東洋哲学研究所、一九九九年、池田大作／ヘイゼル・ヘンダーソン『地球対談　輝く女性の世紀へ』主婦の友社、二〇〇三年、エリース・ボールディング／池田大作『「平和の文化」の輝く世紀へ！』潮出版社、二〇〇六年などがある。
(22) 本節の記述については、創価学会女性平和委員会編『女性平和委員会ハンドブック』二〇一四年版を参照、引用させていただいた。
(23)『聖教新聞』、一九八〇年一二月一八日付。
(24)『平和への願いをこめて』全二十巻、一九八一―九一年。タイトルは以下の通り。
第一巻　引揚げ編『あの星の下に』
第二巻　従軍看護婦編『白衣を紅に染めて』
第三巻　戦後生活（関西）編『雑草のうた』
第四巻　広島被爆その後編『ヒロシマの心・母の祈り』
第五巻　学童疎開編『思慕と飢餓のはざまで』
第六巻　基地の街（神奈川）編『サヨナラ・ベースの街』
第七巻　女たちの戦禍編『うたかたの花嫁』
第八巻　聞き書き（千葉）編『母たちの戦場』

第九巻　戦争未亡人（埼玉）編『女ひとりの戦後』
第一〇巻　女教師編『戦禍の教室で』
第一一巻　樺太・千島引揚げ（北海道）編『フレップの島遠く』
第一二巻　沖縄戦後編『いくさや　ならんどー』
第一三巻　被爆二世（長崎）編『終わりはいつですか』
第一四巻　農村婦人（東北）編『この土あるかぎり』
第一五巻　女子挺身隊（中部）編『白紙に消えた青春』
第一六巻　満蒙開拓（長野）編『永遠の大地もとめて』
第一七巻　国防婦人会（大阪）編『かっぽう着の銃後』
第一八巻　四国編『息子をもどいとうせ』
第一九巻　戦争孤児（東京）編『孤児たちの長い時間《とき》』
第二〇巻　外地編『祖国はるかなり』

＊本稿は、佐瀬一男・栗原淑江編『女性たちのチャレンジ　過去・現在・未来』北樹出版、二〇一四年所収の拙稿に加筆・修正したものである。

第５章　「共生」に対する仏教からの視座[1]

松森秀幸

はじめに

「共生」という言葉は、私たちが生きる現代社会の問題を考える際のキーワードとして、すでに十分に馴染みのある言葉となった。「共生」の最もシンプルな意味は文字通り「共に生きる」ということになるだろう。今日、「共生」という言葉が注目されるのは、現実の社会において私たちが直面する多くの矛盾、すなわち、人間と自然、国家と国家、異なる宗教・民族・文化、男女間、世代間、障がい者と健常者など、社会の様々なレベルにおいてうまく「共生」できていない現状を前にして、異なる他者と「共に生きていく」ことが求められているからにほかならない。

私たちの多くにとって、その日常の生活は、同じ文化や習慣をもった人間との関係の中で成立している。そうした場合、日常の生活において自分たちの考えや行動が特別なものであると自覚することはめったにない。その意味では、私たちは自分の考えや行動と全く異なる文化や習慣に接したとき、はじめて自分とは異なる他者について考える機会を得るといえるだろう。そして、そのとき、私たちは、自分とは異なるその異質な存在を受け入れるか、あるいは拒絶するかの選択を迫られる。

仏教、とくに大乗仏教は、インドから中央アジアを経て、中国、朝鮮半島、日本など東アジア世界に至る過程で、各土地の言語や宗教・思想などを受容しつつ現在まで伝えられてきた。その意味で、仏教は非常に融和的な性質をもった宗教ということもできるだろう。しかし、教義面から見れば、仏教はその成立当初から、他の思想家を「六師外道」と認定して激しく批判している。また、大乗仏教においても、それが大いに重んじられた中国では、仏教は儒教や道教との間に非常に厳しい対立を引き起こしているし、また明代には、キリスト教に対しても厳しく批判を加えている。

このように、歴史的にみれば、他の思想や宗教、仏教内部の他学派など、自身と異なる思考をもつ他者を厳しく批判する仏教の伝統をみいだすことは、仏教の融和的な対応をみいだすことよりも、はるかに容易である。このような排他的側面を持つことは、なにも仏教に限らず、多くの宗教に共通する特徴であるかもしれない。異なる他者と「共に生きていく」ことが求められている現代において、仏教からはどのような「共生」に対する視座を提示することができるのだろうか。仏教という一つの宗教として、他の宗教と共生することは可能なのであろうか。本稿ではこの問題に関して仏教の側から提示される「共生」の視座の可能性について考えてみたい。

アイデンティティに対する単眼的アプローチと複眼的アプローチ

初対面の人とのコミュニケーションにおいて、その相手が偶然にも同郷の人であったり、同年代であったりすることがわかると、その人に対して自然と親しみがわくということは、誰しも経験があることだろう。同じ地域や国家に住んでいること、同じ歴史や宗教を共有していることなど、同一のアイデンティティを共有しているという意識は、そのアイデンティティを共有する人々の間においては、友好的な関係を構築するためにプラスに働く効果がある。

しかし、アマルティア・センによれば、そうした親しみの感情には、同時にある種の危険性がはらまれているとされる。彼は、「アイデンティティ意識」について、その肯定的な役割に一定の理解を示しつつも、「アイデンティティ意識は人びとを温かく迎える一方で、別の多くの人びとを拒絶しうるものであることも、あわせて認識しなければならない」と述べる。人々を結びつけるアイデンティティというものは、容易に「好戦的なアイデンティティ」に転じてしまうのである。そして、センは「アイデンティティ意識」が「好戦的なアイデンティティ」に陥らないようにするためには、自分に「相反する複数のアイデンティティ」があることを認識しなければならないと指摘している[2]。センによる「アイデンティティ意識」の危険性に対する警鐘の背景には、彼が幼少期に経験したヒンズー教徒とイスラーム教徒との激しい抗争という原体験がある。しかし、彼の「アイデンティティ意識」に対する警鐘は、過激な宗教的テロ行為などの極端な例だけを想定したものではないだろう。

センは、現代世界で、政治的対立が宗教・文明・文化の相違によってもたらされたものであると認識されがちな要因を次のように分析している。

過去数年間に起きた暴力的な事件や残虐行為は、恐ろしい混乱と悲惨な衝突の時代の幕開けを告げるものとなった。世界的な政治的対立は、往々にして世界における宗教ないし文化の違いによる当然の結果と見なされている。実際、世界はさまざまな宗教や文化の連合であるという見方が、暗黙のうちとはいえ、ますます増えており、そのため人びとが自己を認識する方法がそれ以外は顧みられない。この考え方の根本には、世界の人びとはなんらかの包括的で単一の区分法によってのみ分類できるという、偏った思い込みがある。世界の人びとを文明ないし宗教によって区分することは、人間のアイデンティティに対する「単眼的《ソリダリスト》」な捉え方をもたらす。つまり、人間を一つの集団（従来のような国または階級ごとではなく、この場合は文明や宗教によって定義される集団）の構成員としてしか考えない見方である。[3]

センは、世界各地で起こる多くの紛争や残虐行為の背景にあるものは、宗教や文明、文化の違いに起因する対立ではなく、根本的には人間のアイデンティティに対する「単眼的」なアプローチであるとする。このような「単眼的アプローチ」によって人間を捉えることに対して、本来、人間は多様なアイデンティティによって構成されているという単純な事実を認識しなければならないとして、次のように主張している。

世界に存在する多様な区分けが、優勢とされる一つの分類法に統一され、宗教や共同体、文化、国、あるいは文明といった観点（それぞれ戦争と平和に関する問題で独自の説得力をもつと見なされている）からのみ判断されると、われわれが共有する人間性は大きな試練にさらされる。唯一の分類法によって塗り分けられた世界は、われわれが住む社会をかたちづくる、いくつもの異なった仕切りがある世界よりも分断されやすい。このような区分けは「人間みな似たもの同士」という昔ながらの考え（今日ではあまりにもばかげているとして嘲笑されがちであるが、それはわからなくもない）に反するだけでなく、われわれはさまざまに異なっているという、あまり議論されていないがより説得力のある理解にも逆らうものだ。現代の世界で協調に向けた希望が実現するとすれば、人のアイデンティティにはいくつもの面があることを明確に理解できるかどうかに、大きく左右される。さらに、そうしたアイデンティティはお互いの領域を超えて交錯し、強固な境界線によって明確に分断された状況をも崩すものだということも、きちんと認識できるか否かにかかっているのだ。[4]

また、センによれば、人間のアイデンティティとは、本来、たとえばイスラーム教徒、キリスト教徒、仏教徒というように単一の基準によって規定できるようなものではない。多様である人間のアイデンティティを選択の余地のない単一基準で区分けできると認識することは「幻想」であり、この「幻想」が「人間の矮小化」を招くものとされるのである。センは、この「幻想」に囚われた「人間の矮小化」に抗して調和的な世界を求めるためには、「人間のアイデンティティの複数性」、すなわち人間のアイデンティティに対する「複眼的アプローチ」を認めなければならないと主張するのである。(5)

センの主張は、単一基準のアイデンティティによってもたらされる暴力に対する批判である。そして、それは同時に、そのような暴力を克服しようとする人々に対する警鐘でもある。すなわち、そうした暴力に対して、別の新しい「単一基準のアイデンティティ」によって対抗することは、それによって、また新たな暴力を生み出してしまうという危険性もはらんでいるからである。これは、私たちが平和や共生といった問題を語る際にも十分に傾聴すべき重要な指摘といえるだろう。

ただし、仏教徒とは、そもそも仏の教えを信奉する者であり、基本的には仏教的な真理を最高の真理と認識しているはずである。そうした信仰者としての仏教徒にとって、仏教徒というアイデンティティに囚われずに、異なる考えをもつ他者と調和的な関係を構築することは可能なことなのであろうか。また、そうしたアイデンティティを捨て去ってもなお仏教徒たりえるのだろうか。以下に、この問題を考えるために、中国の隋代に活躍した天台智顗の『法華経』の真理に関する議論を手がかりに、大乗仏教的な真理観について考えてみたい。

『法華経』の根本的真理としての「諸法実相」

天台智顗は、『法華玄義』において、鳩摩羅什訳『妙法蓮華経』を名・体・宗・用・教という五つの観点から分析し、『法華経』全体の思想を総合的に解明しようとした。この中の『法華経』の「体」（経典の根本となる真理）についての考察は、『法華経』に明かされる根本的な真理を分析・解明しようとしたものである。本節では、はじめに『法華玄義』の「体」に関する考察を中心に、智顗が『法華経』に明かされる根本的な真理をどのように見ていたのかを確認したい。

智顗は『法華玄義』巻一上において『法華経』における「体」の意義を次のように規定している。

善と悪、凡夫と聖者、菩薩、仏というすべて［の存在］は法性（万物の真実の本性）でないものはない。正面から実相を指して、［『法華経』の］正体とするのである。[6]

ここで智顗は、善悪、凡聖、菩薩、仏などのあらゆる存在（＝諸法）が万物の真実の本性（＝法性）に内包されており、この法性＝実相を『法華経』の「体」とすると論じている。智顗が『法華経』の「体」と規定した「諸法実相」は、『法華経』方便品では「仏の成就する所は第一の希有なる難解の法にして、唯だ仏と仏とのみ乃し能く諸法の実相を究尽す。いわゆる諸法の如是相、如是性、如是体、如是力、如是作、如是因、如是縁、如是果、如是報、如是本末究竟等なり[7]」と説かれている。『法華経』では仏の獲得した悟りの内容が「諸法実相」、すなわち、あらゆる存在の真実の様相を理解し尽すことと明かされるが、この「諸法実相」を理解することは困難で、ただ仏のみが理解できるものとされている。

『法華玄義』は「諸法実相」を『法華経』の「体」と規定した後に、いくつかの経論を引用して、それらの経論にも実相を「体」とすることが述べられていると指摘している。この中で智顗は『法華経』の如来寿量品を引用して次のように解釈している。

それゆえ『法華経』如来］寿量品に、「［如来が知見する世界のあり方は、欲界・色界・無色界の］三界［の衆生］が三界を見るようなものではなく、如（同一性・平等性）でもなく、異（差別性・相違性）でもない[8]」という。三界の人は三界を異［の世界］と見、菩薩の人は三界を如でもあり異でもある［世界］と見て、仏は三界を如でもなく異でもない［世界］と見て、如と異を並べて明らかにする。今、［私は］仏が［三界を］見る視点を実相の正体とするのである[9]。

『法華玄義』が引用する『法華経』如来寿量品の文は、如来が真実の言葉を述べることの理由として、如来がどのように衆生が輪廻する世界のあり方を知見しているのかを示した箇所に当たる。『法華玄義』は、『法華経』が提示する「非如非異」という概念を用いて、三界の人（六道の衆生）、二乗（声聞・縁覚）、菩薩、仏では、衆生が輪廻する欲界・色界・無色界の三界という世界の見え方が相違することを指摘し、仏から見た世界のあり方が「実相の正体」であると論じている。「如」と「異」とはそれぞれ梵本では「このようなあり方」(tathā) と「別のあり方」(anyathā) とに対応するが、ここでは両者が対をなす概念として用いられ、「如」とは物事の同一性・平等性を指し、「異」とは物事の差別性・相違性を意味していると考えられる。[10]

『法華玄義』の解釈によれば、六道を輪廻する衆生は世界を「異」（差別性）として認識し、声聞・縁覚という聖者の境涯の人々は世界を「如」（同一性）として認識し、菩薩は世界を「亦如亦異」（差別性もあり同一性もあるもの）として認識し、仏は世界を「非如非異」（差別性も同一性もないもの）として認識するとされる。この「異」・「如」・「亦如亦異」・「非如非異」という認識の相違は、その認識する主体者の宗教的な境涯の相違を反映したものであり、「実相の正体」とされる「非如非異」という世界のあり方は、仏道修行の終着点である仏の境涯に到達しなければ獲得しえないものとされている。[11]

この「異」・「如」・「亦如亦異」・「非如非異」という四種類の分類は、「如」と「異」という対となる概念を四句分別したものであるが、これと関連する内容が智顗の『摩訶止観』では諸法を観察する主体者の見る世界のあり方として、「有」・「空」・「仮」・「中道」を用いて説明されている。

大乗［仏教］はまた心から一切法が生じることを明かす。十法界のことである。もし心が有であると観察すれば、善と悪とが存在する。悪には三品ある。［すなわち地獄・餓鬼・畜生の］三途の因果のことである。善には三品ある。［すなわち］修羅・人・天の因果である。この六品が無常であり生滅すると観察すれば、観察の主体となる心もまた僅かな間もとどまらない。また観察の主体と観察の対象とはすべて縁によって生じる。縁によって生じるとはつまり空である。［これらは］ならびに二乗の因果の法である。もしこの空が二辺（二種の極端な理解）に堕落し、空に沈んで有にとどまることがあると観察すれば、大慈悲を起こし、仮に入って衆生を教化する。実際に身体は存在しないが仮に身体を作り、実際に空は存在しないが仮に空［という概念］を説いて衆生を化導する。［これは］菩薩の因果の法である。この法の救済の主体とその対象とを観察すれば、すべて中道実相の法であり、究極的な清浄である。何が善で、何が悪であろうか、何が有で、何が無であろうか、何が救済であり、何が救済でないだろうか。一切の存在はすべてこのようである。［これは］仏の因果の法である。(12)

『摩訶止観』によると、観察する主体者の宗教的なあり方は、その主体者が諸法をどのように見るかによって規定されることになる。すなわち、諸法を「有」（永遠に実在する固定的実体があること）であると観察する場合にはその人は迷いの世界を輪廻する六道の衆生となり、「空」（固定的実体がないこと）であると観察する場合には声聞・縁覚という聖者となり、「仮」（固定的実体はないが、様々な要因によって仮に存在していること）であると観察する場合には菩薩となり、「中道実相の法」（空と仮のどちらか一方に偏ることなく、両者が統合されていること）と観察する場合には仏となるとされる。

六道の衆生は諸法にはそれぞれ固定的実体があると認識しており、諸法の差別性（「異」）を認めている。二乗は声聞・縁覚という仏教的な聖者であるが、彼らは諸法とは因縁によって生じたもので、それらは固定的実体がない（「空」）と観察する。この「空」の認識においては、「空」という同一性（「如」）のもとに諸法の差別性が解消される。ただし、智顗によると、極端な「空」の認識は、「空」であること自体に執着が生じ、「空」が固定的な存在となってしまう。

これに対して、菩薩は諸法には固定的実体はないが、それらは因縁（様々な原因・要素）によって仮に存在するものであると認識することで、実際には身体がないのに仮に身体を出現させたり、実際には空というものはないのに仮に空を説いて化導したりするとされる。またこの場合には「如」と「異」とは同時に存在することになる（「亦如亦異」）。しかし、菩薩も「仮」の一方に偏ってしまえば、それが新たな執着となってしまう。そこで「空」や「仮」のいずれにも偏らずに、より高い次元で統合される真理が求められ、これが仏の認識する世界として「中道」と規定される。ここにおいては、「如」と「異」の対立的な区別は用いられず（「非如非異」）、諸法の真実の様相が中道として示される。このように、智顗においても「異」・「如」・「亦如亦異」・「非如非異」と「有」・「空」・「仮」・「中道」とはそれぞれ対応した表現となっている。したがって、「実相の正体」と規定される『法華経』の「非如非異」は、「中道実相の法」に対応し、差別的・対立的な思考を超え、諸法のありのままの様相を観察することで獲得される境涯と理解されるのである。このように智顗は『法華経』に「諸法実相」として示される世界を、仏の視点からの世界の真実の様相として捉え、これを差別的・対立的な思考を超えた中道（「中道実相」）と位置づけたのである。そして、智顗はこの「中道実相」をさらに円融の思想として展開している。

諸法の真実の様相が「空」・「仮」・「中」と認識・観察されることを、天台仏教の用語では空諦・仮諦・中諦の三諦といい、これを認識・観察する主体、すなわち、自己の視点から捉え直すと空観・仮観・中観の三観となる。そして智顗は「空」から「仮」、「仮」から「中」へと三観の観察を進め、段階的に真理に到達することを「次第三観」と呼び、そのようにして獲得される真理観を「隔歴三諦」と規定した。一方、『法華経』に代表される〝円教（完全な教え）〟においては、これらの三諦は段階的に獲得されるものではなく、同時に観察されるものとされる（「一心三観」）。そして、そのようにして獲得される真理観（「三諦円融」）を「空」・「仮」・「中」の三諦がそれぞれ他を融合する円融無礙（完全で欠けることがなく一体となって互いに妨げないこと）の世界として提示するのである。

このように智顗は『法華経』の「体」を「諸法実相」と認識し、そこから「中道実相」・「三諦円融」という円融の思想を展開した。このような思想は、異なる経典間で提示される様々な仏教的真理を峻別し、それらを一つの価値のもとに位置づけていく過程で提示されてきたものではあるが、智顗はその区別の果てに、差別的・対立的な思考そのものを超え、諸法のありのままの真実の様相を観察するという、仏教者が目指すべき仏の境涯を提示した。仏とは仏教における最も理想的な人格の実現であるといえる。多くの大乗仏教経典は、あらゆる人間に仏になる可能性があることを認めているが、智顗においては諸法のありのままの真実の様相を観察することが、仏としての人格の完成に至る方途とされるのである。

円頓止観――実践的思想に見る共生・調和の思想

前述のように、智顗は『法華経』の「諸法実相」に「中道実相」・「三諦円融」という円融の思想をみいだし、差別的・対立的な思考を超え、ありのままに「諸法実相」を観察するという、仏の視点から見た真理観を提示した。また、智顗は〃円教（完全な教え）〃において、そのような真理を観察する方法として、三諦を同時に観察する「一心三観」という実践思想を示している。この「一心三観」は、智顗の『摩訶止観』においては「円頓止観」として説明されている。

「円頓止観」について、『摩訶止観』巻一の灌頂による序文には次のような説明がある。多少長文になるが、円頓止観の特徴をよく現している箇所であるため以下に引用する。

円頓［止観］とは、最初から実相によって［観察する方法である］。［観察が］その対象となる「境(13)」に到達すればそのまま中［道］であり、真実でないものはない。［さまざまな］縁を法界に合致させ、心を法界と一つにすれば、一つの色かたちであっても、一つの香りであっても、中道でないものはない。自己の世界も、仏の世界も、衆生の世界も同様である。「五陰」も「十二入」[14]もすべて［真実の］このあり方であるので、捨てさるべき世界がすべて苦しみであるという真理（「苦」）はない。無明や煩悩はそのまま菩提であるので、断ち切るべき苦しみの原因（「集」）はない。極端であったり邪であったり［する思想］もすべて正道であるので、修行すべき苦しみの消滅を実現するための道（「道」）はない。生死はそのまま涅槃であるので、証得すべき苦しみの消滅（「滅」）はない。苦しみもなく、苦しみの原因もないので、世間［における原因と結果］はなく、苦しみの消滅を実現するための道もなく、苦しみの消滅もないので、出世間［における原因と結果］もない。純粋に実相であれば、実相以外にさらに別の存在はない。法性（万物の真実の本性）が寂然としていることを「止」と名づけ、［法性が］寂然としながらも常に照らしだすことを「観」と名づける。［「止」から］始まり［「観」に］終わるというが、［両者に］二つ［のあり方］があるのでなく、区別があるのではない。これを円頓止観という。[15]

「円頓止観」とは、段階を経て真理に到達しようとするのではなく、最初から直接、「中道実相」を対象として観察を行う実践的な思想である。この観察が完成すれば、あらゆる存在における差異が解消され、「一つの色かたちであっても、一つの香りであっても、中道でないものはない（一色一香、無非中道）」という円融的な仏の悟りの境涯に到達するとされる。

このように「円頓止観」によって獲得される仏の境涯は、あらゆる存在との調和を実現させるものとして規定されており、そこには人間と人間の関係における差異はおろか、人間と環境世界との差異をも超越し、あらゆる存在が調和する実相の世界を示している。

さて、この「円頓止観」は「一心三観」とともに「一念三千」という原理をその基盤としている。「一念三千」については『摩訶止観』巻五に次のような説明がある。

そもそも一つの心には［地獄・餓鬼・畜生・阿修羅・人・天・声聞・縁覚・菩薩・仏の］十の法界を具えている。一つの法界にはさらに十の法界を具えており、［合わせて］百の法界となる。一つの［法］界には三十種の世間を具えており、百の法界には三千種の世間を具えている。この三千［種の世間］は一瞬の心にある。もし心がなければそれまでだが、少しでも心があれば、三千［種の世間］を具える。[16]

『摩訶止観』において説かれる「円頓止観」では、「諸法実相」を観察するのに、修行者にとって一番身近な自己の心を用いて、そこから思慮分別を超えた仏の見る世界の様相を観察しようとしている。『摩訶止観』の上記の引用文は、後代の天台宗において「一念三千」説を規定した箇所として注目される箇所である。ここに「一念」というのは、きわめて短い時間、すなわち一瞬の心を意味し[17]、「三千」とは「百法界」に「三十世間」を乗じた「三千種の世間」を指している。世間とは区別の意であり、「三千種」とは、「十法界」・「十如是」・「三世間」という三つの概念によって導き出されるあらゆる存在の分類を意味している。『摩訶止観』では「十法界」のそれぞれ一法界が十法界を具える（「十界互具」）ため「百法界」となり、また一方で、十法界のそれぞれ一法界には、「三世間」と「十如是」を乗じた三十種の世間があるため、合計で三千種の世間が具わることが明かされている。

「十法界」（十界）は、地獄・餓鬼・畜生・阿修羅・人・天・声聞・縁覚・菩薩・仏の十種の世界に住む様々な衆生を指したもので、「三世間」とは、『大智度論』に基づき[18]、五陰世間（色・受・想・行・識という衆生を構成する五つの要素）・衆生世間（五陰によって構成され、仮に和合したもの）・国土世間（衆生が居住する環境と世界）の区別を示したもので、「十如是」とは、鳩摩羅什訳『法華経』方便品の「仏の成就する所は第一の希有なる難解の法にして、唯だ仏と仏とのみ乃し能く諸法の実相を究尽す。いわゆる諸法の如是相、如是性、如是体、如是力、如是作、如是因、如是縁、如是果、如是報、如是本末究竟等なり」という教説に基づき、存在の十種のあり方を示したものである。ただし、この「三千」という数自体に特別な意味があるわけではなく、『摩訶止観』は「三千」に象徴される差異を提示することで、あらゆる存在を余すところなく表現しようとしたと考えられる。

さて、筆者は、この「一念三千」説は仏教側から提出することのできる共生の原理の一つであると考える。そして、ここでとくに注目すべきは、観察の主体者が「三千種」という数に象徴されるあらゆる存在を、自己の一瞬の心に内在するものとして捉えている点にある。

たとえば、十界の衆生が居住する「国土世間」について、『摩訶止観』は十界の衆生が具体的にどのような国土に居住しているのかを指摘している。[19] そして「[十種の衆生の居住する]土地が異なるので、国土世間と名づけるのである。この三十種の世間はすべて心から造られる」と述べ、国土世間ならびに五陰世間・衆生世間の三世間に十法界を乗じた三十種の世間がすべて心から造られたものであることを指摘している。十法界によって示される十種の衆生はあらゆる生命体を想定している以上、十法界にはそれらの衆生が居住するあらゆる国土も含まれることを意味している。したがって、私たちの生きる現実の世界に当てはめて考えてみれば、この世界の民族・思想・宗教・価値観などを異にする他者と、その他者が住まう世界とがすべて自身の心の中に存在するものとして認識され、現実のさまざまな差異は自身の心に即して存在していると観察することになるのである。

また、この点について、「一念三千」説を構成する重要な概念の一つである「十界互具」という視点からさらに考えてみたい。「十界互具」とは、「十法界」のそれぞれ一法界が十法界を具えるという考え方である。「十法界」は、仏教的な世界観において想定されるあらゆる衆生を地獄・餓鬼・畜生・修羅・人・天・声聞・縁覚・菩薩・仏という十種の範疇と、その十種の衆生が住む十種の世界として規定したものである。人界の衆生である人間にとって「十界互具」が示されたことの意義は、大乗仏教の中で論じられてきた、あらゆる衆生が仏になることができるという思想がより理論的に示された点にある。自己以外のあらゆる衆生とそれら衆生が住む世界とが自己の心の中に内在しているということは、自己の心に仏と仏の住む世界とが存在しているということを意味しており、人界の衆生の成仏の理論的な根拠が提示されるのである。さて、この「十界互具」の意義を共生・調和という視点から捉え直してみると、「十界互具」とは十法界という範疇を用いて表現されるあらゆる存在を自己の心と関連づけ、それらを自己の心と一体のものとして理解することであるといえるだろう。

これは自己以外のあらゆる存在＝他者を自己の心の中に内在化させるということを意味している。前述のように『摩訶止観』の「国土世間」の説明では、十界の衆生が居住する場所（国土）にはそれぞれ違いがあることが指摘されている。「十界互具」が示されることによって、十界のそれぞれの衆生とそれらが居住する国土は、自己とまったく異なる無関係な他者として、あるいは象徴的、比喩的な言説として捉えられるものではなくなり、自己の心に具わる十種の存在の差異として理解されるようになる。

さらにこれを「仏界」（仏教的真理を体現した仏とその国土）を自己の心に実現させるという「十界互具」の実践的な側面から見れば、仏界の実現は他の九界を捨て去ることではなく、仏界のうちにも他の九界を具えるという思想として理解される。仏界は悟りを体現し、他の九界は迷いを指している。仏教では衆生の身心を乱し悩ませる精神の働きのことを煩悩と呼び、衆生は煩悩による業が原因となって、苦しみという結果を受けるとされる。そして、仏道修行によって一つ一つの煩悩を段階的に対治することで解脱（悟り）が獲得されると説く。つまり、仏とはそれらの煩悩を克服した存在であり、九界の衆生は煩悩によって迷いの世界にとどまっている存在といえる。しかし、「十界互具」が提示されることによって、迷いの九界の衆生の心に仏界が具わることが明示されると同時に、煩悩を克服した存在であるはずの仏の心にも九界の迷いの存在が内在していることが明かされる。智顗の「十界互具」の思想は、自己の心を観察することによって、自己の心の煩悩を対治し、仏の悟りの世界に到達する方法を提示するものである。そしてこれは同時に、その修行によって到達した悟りの世界には、煩悩が消滅しているのではなく、煩悩も仏の世界と一体となって存在し続けていることを示している。仏の世界にあらゆる存在が内在しているということは、今度は反対に仏が他の九界の衆生に働きかけることを可能にする根拠とみなされるのである。このように悟りと迷いという視点から見れば、仏界と他の九界とは、どちらか一方だけが存在するというものではなく、両者がお互いにその存在を支えていると捉えることができる。すなわち、仏教的な真理の体現には、通例、仏教が否定してきた存在も欠くことのできない重要な要素となるのである。

このように「十界互具」とは、衆生の側から見たなら、あらゆる存在の差異とされるものを排除するのではなく、自己の心の中にそうした差異とされるものが内在していると観察することによって、自己と他者との差異なるものも自己の心に内在するものとして引き受け、調和的に現実の差異を超えゆく思想として理解することができる。この十種の存在（十界）の差異を超越し調和に向かうという意味において、「十界互具」は「諸法実相」という差異を超えたあらゆる存在の真実の様相を表現する思想として理解することができるのである。

自己の心にあらゆる存在が調和的に内在するということを示すために、智顗が採用した具体的な実践方法は、修行者にとって一番身近な自己の心に対する徹底的な観察であった。自己の心に内包されるあらゆる存在を徹底的に観察することによって、あらゆる存在が仏界と一体のものとして認識されるのである。したがって、智顗の仏教思想に基づけば、仏教的な共生・調和とは究極的には自己の心への働きかけを通して実現されるものであり、いわゆる他者としての環境世界に直接的に働きかけるものではない。しかし、智顗の「十界互具」論には、自己の心にあらゆる衆生とその居住する世界が内在するとの理解が示されている。私たちの生きる現実の世界には、実際に様々な思想・宗教・文化などに基づく価値観が多元的に存在している。自己とは異なる価値観をもつ他者との共生を考えた場合、その異質な他者とどのように向き合うかが問題となるが、あらゆる他者を自己の心と一体のものとして観察する「十界互具」論においては、他者はもはや自己とは無関係な存在とみなされず、異質な他者もまた自己の心に強く結びついた存在と捉えられるのである。

むすびに

以上に考察してきたように、智顗は「諸法実相」という概念を、『法華経』の根本的な真理とみなして、それを宗教理論としては「中道実相」と「三諦円融」として提示し、実践的思想として「円頓止観」(「一念三千」)を展開した。この「円頓止観」によって獲得される仏の境涯は、あらゆる存在との調和を実現させるものとして示されており、そこには人間と人間の関係における「他者」との差異ばかりでなく、より大きな「他者」である人間と環境世界との差異をも超越し、あらゆる存在が調和する「諸法実相」の世界が示されている。また、その「円頓止観」の実践の思想的基盤の一つに「十界互具」論がある。これは自己の心に、思想・文化・宗教などを異にするあらゆる他者の存在をみいだし、それらと自己の心とを一体のものとして観察する思想であった。ここに仏教からの共生・調和の思想の一視座が示されているといえるだろう。

このような共生の視座は、仏教的真理を前提に、他の思想を位置づけるような一方的な議論であることは確かである。ただし、差別的・対立的な思考を超越し、あらゆる存在のありのままの様相を観察する、という「円融（調和性）」の思想は、大乗仏教の「空」の思想を踏まえた、実体性を超越しようとする思想であり、単純な意味で単一の原理に基づいた調和を志向しているわけではない。そこでは仏教的な真理という認識そのものも相対化され、超克すべき対象となっていると理解できる。この点からいえば、智顗の目指した仏教的な理想の境地は、アマルティア・センの人間のアイデンティティに対する「複眼的アプローチ」とは方法を異にするが、「単眼的アプローチ」を克服しようとする試みとしては、同一の方向性を志向したものといえるだろう。

実際の現実の世界には、人種、文化、宗教、思想、また経済的な環境の相違などに起因する様々な差異が存在し、これによって多元的な価値観が形成されている。仏教も本来はこのような多元的な価値観を構成する一つの要素である。ただし、本稿において論じたように、「諸法実相」として示された仏の視点から見た世界は、あらゆる存在の調和を志向するものである。智顗の考えに基づけば、このような仏の視点は、多元的な価値観が存在する世界のありのままの様相を自己の心の問題として徹底的に観察し、自己の心に仏界をみいだすと同時に、あらゆる存在を仏界と同一のものとして認識する。このような徹底した「空」の認識に到達することとは、「空」という仏教的な認識そのもの、さらには仏教という一つの宗教そのものに対して執着する必要もなくなる。その意味で、仏教において想定される究極的な目標は、仏教的な真理そのものをも相対化し、多様に存在するありのままの世界を自身の心に認識することといえるだろう。こうした視座は、仏教者が考えを異にする他者と向き合い、共に生きる上で、大きな示唆を与えてくれるものといえるだろう。

注

（1）本稿は、拙稿「仏教における共生・調和の思想――天台智顗の法華思想を手がかりに」（『東洋学術研究』五二巻一号、二〇一三年）に、加筆・修正を加えたものである。
（2）アマルティア・セン『アイデンティティと暴力――運命は幻想である』（大門毅監訳、東郷えりか訳）勁草書房、二〇一一年、一七―一九頁を参照。
（3）同書、二―三頁。
（4）同書、四―五頁。
（5）同書、三五頁を参照。
（6）「善悪・凡聖・菩薩・仏、一切不出法性。正指実相、以為正体也」（T33. 682b24-26）
（7）『妙法蓮華経』方便品第二、「仏所成就第一希有難解之法、唯仏与仏乃能究尽諸法実相。所謂諸法如是相、如是性、如是体、如是力、如是作、如是因、如是縁、如是果、如是報、如是本末究竟等」

(T9. 5c10-13)。

(8)『妙法蓮華経』巻五、「諸所言説、皆実不虚。所以者何。如来如実知見三界之相、無有生死、若退若出、亦無在世及滅度者、非実非虚、非如非異、不如三界見於三界、如斯之事、如来明見、無有錯謬」(T9. 42c12-16)。

(9)「故寿量品云、不如三界見於三界、非如非異。若三界人見三界為異、二乗人見三界為如、菩薩人見三界亦如亦異、仏見三界非如非異双照如異。今取仏所見、為実相正体也」(T33. 682b26-c1)。

(10)菅野博史『新国訳一切経・中国撰述部①-2 法華玄義Ⅰ』(大蔵出版、二〇一一年)、二二九－二三〇頁を参照。

(11)なお、智顗は広く大乗仏教経典の「体」を「諸法実相」とし、『法華経』の根本的な真理として提示される「諸法実相」を、仏教修行者の到達する種々の真理を峻別することを通して提示している。これは智顗がただ単純にあらゆる思想の平等性を重視し、それらの共存を主張しているのではないことを意味しているといえよう。

(12)「大乗亦明心生一切法。謂十法界也。若観心是有、有善有悪。悪則三品、三途因果也。善則三品、脩羅人天因果。観此六品無常生滅、能観之心亦念念不住。又能観所観悉是縁生。縁生・即空。並是二乗因果法也。若観此空有堕落二辺、沈空滞有、而起大慈悲、入仮化物。実無身仮作身、実無空仮説空、而化導之。即菩薩因果法也。観此法能度所度、皆是中道実相之法、畢竟清浄。誰善誰悪、誰有誰無、誰度誰不度。一切法悉如是。是仏因果法也」(T46. 52b23-c4)。

(13) 眼・耳・鼻・舌・身・意の六根（感覚器官）と六識（心の認識能力）がはたらく対象のこと。それぞれ色境・耳境・声境・香境・味境・触境に対応する。

(14) 「五陰」も「十二入」もともに、現実世界の構成要素をいう。「五陰」とは、色・受・想・行・識の五陰のことをいう。「十二入」の「入」(yatana)とは、「処」とも訳され、知覚が生じる場や条件のことをいう。眼・耳・鼻・舌・身・意という六つの感覚器官（六根）と、それぞれの対象たる色・声・香・味・触・法の六つ（六境）との総称のことである。

(15) 「円頓者、初縁実相。造境即中、無不真実。繫縁法界、一念法界、一色一香、無非中道。己界及仏界衆生界亦然。陰入皆如、無苦可捨。無明塵労、即是菩提、無集可断。辺邪皆中正、無道可修。生死即涅槃、無滅可証。無苦無集、故無世間。無道無滅、故無出世間。純一実相、実相外更無別法。法性寂然名止。寂而常照名観。雖言初後、無二無別。是名円頓止観」(T46. 1c23-2a2)。

(16) 『摩訶止観』巻五上、「夫一心具十法界。一法界又具十法界、百法界。一界具三十種世間、百法界即具三千種世間。此三千在一念心。若無心而已、介爾有心、即具三千」(T46. 54a5-9)。

(17) 『摩訶止観』巻三下には、「一念」について「又経言、一念六百生滅。成論師云、一念六十刹那」(T46. 27c23-25)、「或言、一念心六十刹那。或言、三百億刹那。刹那不住、念念無常」(T46. 32b4-5)などと論じられている。

(18) たとえば、『大智度論』巻七〇には「世間有三種。一者五衆世間、二者衆生世間、三者国土世間」(T25. 546b29-c2)といった例がある。

（19）『摩訶止観』巻五上には「十種所居通称国土世間者、地獄依赤鉄住、畜生依地水空住、修羅依海畔海底住、人依地住、天依宮殿住、六度菩薩同人依地住、通教菩薩惑未尽同人天依住、断惑尽者依方便土住、別円菩薩惑未尽者、同人天方便等住、断惑尽者依実報土住、如来依常寂光土住。仁王経云、三賢十聖住果報、唯仏一人居浄土。土土不同、故名国土世間也。此三十種世間、悉従心造」（T46. 53a1-10）とあり、実際には（1）地獄界の衆生、（2）畜生界の衆生、（3）修羅界の衆生、（4）人界の衆生、（5）天界の衆生、（6）蔵教の菩薩、（7）通教の菩薩で惑を断ち切っていない者、（8）通教の菩薩で惑を断ち切った者、（9）別教・円教の菩薩で惑を断ち切っていない者、（10）別教・円教の菩薩で惑を断ち切った者、（11）如来の十一種の衆生を挙げている。声聞・縁覚の二乗についての言及がなく、代わりに菩薩を蔵教・通教・別教・円教の四教を用いた経典分類法に基づき、（a）六波羅蜜の菩薩（「六度菩薩」）＝蔵教の菩薩、（b）通教の菩薩で惑を断ち切っていない者（「通教菩薩惑未尽」）、（c）通教の菩薩で惑を断ち切った者（「[通教菩薩]断惑尽者」）、（d）別教・円教の菩薩で惑を断ち切っていない者（「別円菩薩惑未尽者」）、（e）別教・円教の菩薩で惑を断ち切った者（「[別円菩薩]断惑尽者」）の五種に分け、さらに凡聖同居土、方便有余土、実報無障碍土、常寂光土の四種の浄土から凡聖同居土以外を用いてそれぞれの菩薩の国土に対応させている。

第6章　宗教と暴力――他者の非人間化と暴力への契機

平良　直

1　はじめに

宗教と暴力の関係について考察を行うにあたり思い起こされることがある。筆者がまだ筑波大学の大学院生だったころ、サルマン・ラシュディの『悪魔の詩』の翻訳者であった同大助教授がエレベーターホールで殺害されたことである。一九九一年七月十二日、殺害事件が明らかになった日は、大学は夏期休暇期間に入っており、夏の宗教学実習のため院生同士で午前から研究会が行われることになっていた。研究棟に行くとテレビ局の中継車や取材陣でその周りが騒然としていた。エレベーターは使用できなくなっていたため、連絡口のある別の棟から階段をのぼり日頃出入りしている8階の院生研究室に行くことができた。そこまでたどり着いて、事件は我々がいる8階下の7階エレベーターホールで起こったことを知った。事件発見直後の現場の状況を目撃した者によると7階エレベーター前はホールフロアーの全体が血の海だったという。当然研究会は中止となった。後日、建物に出入りしていた我々院生なども事件当日何をしていたかを聴取され、捜査官によって一人一人の指紋が両手手首近くまで採取された。

この事件のまえにサルマン・ラシュディにはイランの宗教指導者から預言者ムハンマドを冒涜した罪として死刑宣告がだされていたが、同書邦訳者の殺害に、院生たちはイスラーム圏の留学生たちに嫌疑がかかることを懸念しながら、やはり翻訳したことへの報復なのだろうかなどと複雑な思いを抱きつつ、捜査の経緯を見守っていた。最終的には犯人は誰であるかも特定できず、事件は迷宮入りすることになった。事件が時効を迎え、殺害が『悪魔の詩』の翻訳への制裁であったのかどうか、そのこととは無関係な殺人だったのかなど不明のままとなっている。イランの新聞では、その殺害の報に「全世界のイスラーム教徒にとって朗報」であり当然の報いであるということが表明された。イランのそのような反応に、宗教学を学びながらも、かくも宗教とは苛烈な感情の源泉となるのだということを当時実感させられたのを記憶している。

日本では宗教的信念を背景とした政治対立や暴力事件などが身近な問題として意識されることは少なかったが、九五年の地下鉄サリン事件以降、宗教と暴力の関係が強く意識されるようになった。この事件も世界を震撼させたが、その後の二〇〇一年九月十一日の同時多発テロを目の当たりにした世界は、グローバル化がいよいよ進むなかでその後も散発する宗教的信条を背景とした「自爆テロ」や武力的事件を体験することとなる。日本の報道においても、いまだ対岸の出来事のように思われながらも「対テロ戦争の時代に突入した」という言葉が聞かれるようになっていった。

多くの日本人は、「宗教」というと宗教教団の事を指すものと理解し、宗教教団などへの帰属意識がない場合は、「宗教」は自分とは縁遠いものという認識をもっている。このような状況を背景に、多くの日本人は、種々の宗教に関わる事件の報に接する中で「宗教」は危ないものであり、できれば関わらない方が良いとする意識や「宗教」という事柄へのネガティブなイメージを増大させてきたといってよいだろう。よりグローバル化していく世界の状況を考慮すると、日本におけるこのような「宗教」へのある種の偏ったイメージは、世界で起こっている状況への正しい認識を遠ざけるものとなってしまっているように思われる。

冷戦の終結によって、東西陣営に両断されていた力の対峙関係が消失すると民族間紛争が多発し、民族の「われわれ」意識を支える宗教的世界観がその紛争の相手との対立を顕在化させるということになってきている。サミュエル・ハンチントンが『文明の衝突』において示したようにイデオロギーの対立の終焉は、民族の対立、宗教（ハンチントンの言葉でいえば「文明」）の対立の始まりであるといったことの現実化である。[1] グローバル化が進み、人や物の移動、通信の発達による情報伝達の革命的進展は国家や共同体間のコミュニケーションを促進し相互の関係性が厚くなり、他者を理解するという契機にあふれているように思える。しかしながら、実際は周知のとおり、宗教的信念を背景にした事件が相次いでいる。

政治や経済のグローバル化は宗教とからんだ暴力のグローバル化を伴って進行している側面がある。そして宗教が現代社会において暴力を下支えする場合、古くからの人間や共同体間にあった他集団との闘争とは異なった意味をもつようになっている。すなわち、その暴力は、従来のような覇権拡大と利益の獲得が目的なのではなく、暴力による恐怖を植え付けることを目的とし、個人化した宗教的イデオロギーを主張することによって世界観を顕示するのである。このことはある世界がもう一つの世界によってのみこまれてしまうという危機意識への最終的な抵抗としてみることもできる。後に触れるが、マーク・ユルゲンスマイヤーはこの危機への抵抗をCosmic Warとしてとらえ、現代特有の問題として認識しなければならないとする。このような暴力の効果が、劇場的に人々に印象深く、暴力を行使する側の狙いが達成されるのはじつはグローバル化によってもたらされる現代社会の状況があってはじめて成り立つものであり、グローバル化による帰属意識の喪失、世俗的ナショナリズムへの信頼の喪失、アイデンティティや自我の喪失が伝統的形態の宗教的アイデンティティへと回帰させるとしている。

マーク・ユルゲンスマイヤーの現状の「テロリズム」の社会的背景の理解は正しいといえるだろう。しかしながら、一方で、どのような宗教伝統も暴力を抑止する規範や道徳的規律(それはしばしば敵であっても尊重するべきであるとする他者把握)を備えている。なぜそのような暴力抑止的倫理規範が「テロリズム」が行われる文脈では機能せず敵対するものが非人間化され抹殺されるべきものとして暴力が正当化されてしまうのか。なぜ現在のグローバル社会のなかで他者が非人間化されるような道徳的離脱が起こるのか。本稿では宗教と暴力をめぐる現代世界の状況を素描し、諸宗教伝統の中に内包されるグローバルな倫理が暴力抑止の力となる可能性について触れたうえで、アルバート・バンデューラなどの研究成果をもとに、現代の「宗教と暴力」の問題に対してどのような認識を有するべきなのかを考察する。

2　宗教と「テロリズム」の問題か、人間と暴力の問題か

宗教は現在の国際政治情勢のなかではテロリズムの問題と結び付けてとらえられることが少なくない。しばしば、テロ事件や民族対立が「宗教」的背景の説明をもってなされる。このような説明を繰り返し聞かされ、「宗教は紛争を誘発するものだ」といったイメージが形成されているともいえる。そこから多くの日本人は、宗教は怖いもの、すなわちテロルと結び付くものというイメージをもっている。はたして、宗教は「テロリズム」の源泉なのだろうか。

手元にフランソワ＝ベルナール・ユイグによる『テロリズムの歴史』という本がある。[2] 同書は、「テロリズム」と呼ばれたさまざまな暴力を、歴史をおって紹介したものだが、この本によれば、知られているようにテロリズムという言葉はフランス革命期の恐怖政治（テロル）に由来し、一七九四年以降辞書に載るようになったものであるとしている。しかしながら、この言葉が、現在使用される意味、すなわち「国家の組織ではなく非合法の組織が、イデオロギー的な意図をもって、象徴となる標的を襲撃すること」を意味する言葉として用い

られるようになるのは一九世紀末になってからであるとしている。[3] 権力者を暴力によって打倒することや暗殺などは紀元前から存在していたことであるが、ある種の暴力についてそれを「テロリズム」だと同定するようになったのは比較的新しいことであり、ここ百年余の歴史しかない。また同書に紹介される「テロリズム」は革命集団やアナーキストによる政治的イデオロギーによるものが多くを占めており、宗教的信条がそのイデオロギーの代替として「テロリズム」を生じさせている数そのものは、比較をすればそれほど多くはない。このことからすると、宗教はテロリズムの源泉か、という問いは、やや奇妙な問いにも見えてくる。テロリズムという言葉は新しい概念だとしても、反乱や抵抗、暗殺や謀略といった現今のテロの構図と似通った暴力的手段の行使は歴史の中に数多く見出されるのであり、それらの暴力すべてが宗教に由来するのか、と問うことはかなり的外れな問いに見えてくるのである。

「テロリズム」という概念は実は定義が明確でないまま一般で使用されているところがある。紹介した『テロリズムの歴史』のなかで、テロリズムの定義をめぐっては、一般的に国内法・国際法に違反し、民間人と軍人が区別され、政治的目的をもって無差別の殺人（この場合民間人の犠牲者が想定されている）が行われ恐怖を与えることとされているが、国家による武力使用、戦争などもそれに含めるかどうかは不明瞭であるとしている。[4] 戦争において民間人が犠牲になることは周知のことであるし、この観点からするとテロリズムの歴史の記述の大半はここ百年の歴史上の戦争の記述で埋め尽くされなければならないことになる。もう少しこのことを考えてみると、人類史のなかで争いがなかったことはないのであり、人類史はテロリズムの歴史として記述されうるといっても過言ではない。「宗教と暴力」の問題は、宗教が暴力と結び付くかどうかという問題というよりは、むしろ人間という存在とそれに付随する暴力性の問題であるということになるように思えるのである。このように理解すると「宗教はテロリズムの源泉か」という問いは、もはや不適切で意味のない問いの設定のようにも思えるが、はたしてそうなのか。そうだとすれば、現在の「宗教と暴力」の結び付きのなかで起きているさまざまな出来事はどう理解すればよいのだろうか。

おそらく、宗教と暴力の結び付きに関する問いの設定をより意味のあるものとするには、宗教が暴力の源泉であるかどうかというよりは、人間に内在する暴力性が、どのようなかたちで「宗教」を経由して発動するのかということを問うべきであるといえるだろう。人間のなかに内在する暴力性が宗教を経由しながら、どのように報復の正当化や暴力を動機づける苛烈な感情を増幅させるのかというメカニズムを問うことが重要となってくる。そのことを明らかにしたうえで、「宗教」に内在する、人間性のもう一つの局面を引き出す力、すなわち暴力を抑止する力をどのようにすれば顕在化させることができるかが模索されるべきであろう。このことは、テロリズムや暴力が普遍的に人間の問題であるということからすれば、「宗教」に関与する者だけの問題ではなく、「宗教」にコミットしない者にとっても重要な問いとなってくる。

3 宗教がもたらすコスミックな世界観

述べたように人間の歴史は他集団や共同体、民族同士の抗争など暴力であふれており、人間はいつの時代でも争っていたという言葉で簡潔にまとめることができるわけであるが、宗教がどのようにわれわれが先に述べた人間の暴力性の発動を下支えする契機となるのかということを宗教史の文脈でみるとどうなるだろうか。

この点で重要となる歴史的な画期は、人間が狩猟採集的な段階を脱し、農耕社会へと移行するなかで、それに適した土地で共同体を拡大しながら都市国家を形成するあたりにすでにあるといってよいだろう。定住とは、それ以前の狩猟採集的世界のなかで生きられていた人間と自然、精霊や神々との関係が段階的に変容していくなかで世界が組織化されていくことを意味しているのであり、人間が食物の栽培という営みを通して、その宗教活動が宇宙の周期的更新という中心的な神秘の周りに構成されていくことになるからである。その宗教活動は祭壇や神殿を中心として執り行われ、そのことによって世界は聖化され、人間が住むことが可能な空間となり、宇宙化される。(5)このコスモロジーの様態についてはメソポタミヤや中国古代都市国家、また諸地域で展開した農耕を基盤とした都市文明にみられるように多様である。それゆえ、ここではこれ以上の説明を続けることはできないが、このコスミックな空間は祭祀の中心においてたえず聖化され、人間の存在やあらゆる営みに意味をあたえていたという特徴に着目しておこう。

このような農耕社会以降の宗教伝統がもっていたコスミックな世界の意味の体系を全体的に描き出したのは宗教学者のミルチャ・エリアーデであったが、この宗教理論を現象学的社会学の見地から援用し展開したのがピーター・バーガーである。バーガーによれば、人間がたえず行う世界構築によって構成する社会の規範秩序（ノモス）は、つねに予期せぬ混沌状況（カオス）へとのみこまれる危険性をもっているが、そのような規範秩序を超越的に意味づけ正当化し保護してきたのが、宗教的なコスモロジー、すなわち「聖なる天蓋」であったとしている。近代以前の人間と社会は、規範秩序のアノミー化（規範喪失）という危機をこの宗教的な意味の天蓋によって克服してきたとしている。バーガーは、このカオス状況の克服そのものを、コスモスとのダイナミックな関係性のなかで次のように描き出している。「聖なるコスモスはカオスから生じ、その恐ろしい相手として後者に直面し続ける。このコスモスとカオスの対抗は、しばしば宇宙誕生の神話のなかに表現される。聖なるコスモスは、現実を秩序化するなかで人間を越え人間を包み込みながら、規範喪失の恐怖を防ぐ最強の楯を人間に提供する(6)」。

バーガーのこのような見解から見えてくることは興味深い。我々は、宗教と暴力の問題を、近代の価値意識や、宗教が供してきた聖なる天蓋の外側、すなわち近代的価値意識から問題化している側面があるが、バーガーが描き出す規範秩序や意味世界の構成からすると、人間的な営みはその聖なる天蓋に守られた規範や意味によって解釈され、正当化されるのだということがわかる。すなわち、農耕社会、古代の都市国家社会の古い時代から存在してきた「暴力」というのは、それを被る側においても、異民族を駆逐することにおいても、それぞれのコスミックな意味や秩序のなかで理解されていたということなのである。むろん、そのような「暴力」が展開される戦闘状況や闘争は、生きるか死ぬか、民族や国家の存続をかけたものであったことはいうまでもない。しかしながら、しばしば現代の状況のなかで我々が批判的なまなざしをもって取り上げる場合の「暴力」のイメージとは異なるコスミックな世界同士のせめぎ合いとして見えてくる。

近代以前のコスミックな宗教伝統のなかでおこってきたこのような「暴力」のとらえ方に対して、批判的な意見が予想される。このようなとらえ方は、古代的宗教伝統における世界を静的に捉えすぎるものであり、覇権的闘争なども宗教的意味をもっていたとするのは極端な理解であるという批判や、現代社会における宗教を背景とした暴力を正当化してしまう論理だとする批判などである。

いうまでもなく、宗教を背景とした現代の「テロリズム」が許されるべきではなく、あってはならないことであるのはいうまでもない。しかしながら、われわれがテロリズムの定義のところで考察したように、定義の仕方ではテロリズムの範囲が国家の暴力の発動としての戦争行為も含まれるとしたら、何らかの形で正当化される暴力はすべて非難されるべきものとなるのである。近代以降の数々の戦争もまたそれが擬似的な神聖性を与えられながらしばしば、正義の戦争として大義が与えられてきたことを考えればその相似性が理解できる。しかしながら、近代の戦争は究極的には真正な神聖性を与えられるものではないため、バーガーが指摘したカオスへの恐怖に常に晒され続けることになるのである。

4　コスミック戦争としての「テロリズム」

聖なる天蓋に覆われた大小さまざまなコスモスのせめぎ合い。この構図は、かなり前に、冷戦後の世界がそれぞれの文明がもつ文化的アイデンティティとその衝突へと突入していくとした、サミュエル・ハンチントンの予見した状況と符合する。次の引用は彼が『文明の衝突』の冒頭の章で記していることである。

冷戦後の世界では旗が大きな意味をもち、それと同様に十字架や新月、はては頭にかぶるものなどの文化的なアイデンティティの象徴が重要な意味をもっている。というのも、文化が重要な意味をもち、文化的アイデンティティが多くの人々にとってきわめて大きな意味をもつからである。人びとはおおむね昔からあったアイデンティティを再発見しており、同じく昔からあった旗をことさらに振りかざして行進し、その結果、昔ながらの敵との戦争をふたたび招くのだ。

この新しい時代の恐ろしい世界観をうまく表現しているのは、マイケル・ディブディンの小説Dead Lagoon（邦訳『水都に消ゆ』）に登場する扇情的なナショナリストのヴェネツィア人である。「真の敵がいない者には真の友もいない。われわれと異なるものを憎まないかぎり、われわれは現在の自分自身を愛することはできない。これは一世紀以上ものあいだ口先だけの説教を聞かされたあげくに、苦労して再発見しつつある昔からの真理なのだ。それを否定する者はみずからの家族を否定し、自らの遺産、文化、生得の権利、そしてまさに自分たち自身を否定する者にほかならない！ 彼らはなまはんかなことでは許されないだろう」。こうした昔からの悲しむべき真理を、政治家や学者は無視することはできない。アイデンティティを模索し、民族性を再構築しようとしている民族にとって、敵は不可欠なのだ。そして、潜在的にきわめて危険な敵意が世界の主要な文明の境界で高まるのである。

ハンチントンは同書を「文化と文化的なアイデンティティ、すなわち最も包括的なレベルの文明のアイデンティティが、冷戦後の分裂あるいは衝突のパターンをかたちづくっているということ」を中心にして書かれたと述べている。(7)

引用中のハンチントンの使用する「文明」、「文化」という言葉を、そのまま「宗教」という言葉に換えて読んでも、その意味するところは変わらない。いやむしろ、「宗教」という言葉に読み変えて読まれるべきであろう。超大国に力によって抑え込まれていたそれぞれのコスミックな世界がその存在を主張し、それぞれが世界の中心性を取りもどそうとしているのである。この本が書かれたのが、一九九六年である。冷戦後の状況はすでにハンチントンが述べたような状況が世界中で起こっていたが、この本の出版後、約二〇年近く、世界の紛争や対立は今も起こり続けている。そのなかで、9・11の同時多発テロは本書の警告的予見をリアルなかたちで実感させたのである。

しかしながら、ハンチントンの冷戦後の分極的世界の状況の理解には、普遍的なルールや価値の共有を説いてはいても、西洋中心的な立場が認められるといった批判もなされた。また、ハンチントンの同書における分析が、現代のより流動的に推移するグローバル化の大きなうねりをどのように理解するかという視点に欠けていることが現在になってみると判然とする。そのグローバル化によって普遍化される原理が富める者にとっての利益が生みだされるものとなっている状況や、グローバル化がさまざまな不均衡を伴いながら推し進められている状況に対する理解が本書だけでは得ることができない。

コスミックな世界が分極しつつも、人、物、経済、そして情報が迅速に動く世界、そしてそこでさまざまな紛争や暴力が起こっている状況をどのように理解するべきなのか。とくに、宗教と関連する暴力の問題をどのように理解するべきなのか。この点に的確な描写を与えているのが、マーク・ユルゲンスマイヤーである。

彼によれば、グローバル化は、非国家的ないし超国家的に経済、社会、文化的相互作用を及ぼしながら、近代の「国民国家」概念を掘り崩しており、グローバルな都市住民は、経済的、社会的に地球規模で結び付き、従来の社会契約的概念から自由であり、そのような世界では、ある地域がどこではじまり、どこで終わるかという空間的境界も曖昧になるとしている。そして、多文化社会においては、ある国家の「国民」の定義の仕方など簡単にはわからないとしている。(8) そしてなぜ、このようなグローバル化が勢いをまして増大する社会の中で、宗教が暴力と結び付くような事態が起こっているのかについて、次のように論じている。

まさしくこうした状況の中で、宗教と民族が共同体の再定義に介入する。国民国家の衰えと旧式の世俗的ナショナリズムに対する幻滅が、新たなナショナリズムに機会を与え、またその欲求を生みだしている。機会が生じたのは、古い秩序がきわめて弱体化したように見えるからである。国家的アイデンティティに対する欲求が衰えないのは、二〇世紀に国民国家が果たしたような形で公共生活を支配する、社会的紐帯と帰属の新たな形態が未だ現れていないからである。奇妙なことであるが、伝統的な形態の社会的アイデンティティが、西洋近代の中心的テーマのひとつである「国民」の概念を救い出す働きをしてきた。国家への忠誠とコミットメントを明らかにするものがますます消えていく中で、宗教、民族、伝統文化といった古い材料が国家的アイデンティティの源泉となってきている。（中略）

　グローバル時代において決定的に重要な問題は、アイデンティティとコントロールである。帰属意識の喪失が無力感につながるという形で、この二つは結びついている。同時にまた、従来、世俗的ナショナリズムへの信頼の喪失ととらえられてきたものは、エージェンシーと自我の喪失として体験される。こうした理由から、伝統的形態の宗教的アイデンティティを主張することが、個人的・文化的なパワーを取り戻そうとする試みと結びつくのである。（略）グローバルな秩序の中により確固たる市民意識が確立するまでの間、グローバルな世界の権威・アイデンティティ・帰属の問題に対する魅力的な——しかししばしば破壊的な——解決策として、宗教的道徳秩序のヴィジョンが繰り返し現れることだろう。[9]

先に確認したバーガーが提示した聖なる天蓋の概念に重ね合わせてみると理解しやすい。コスミックな聖なる天蓋は、人間の社会内における規範秩序がカオスにのみこまれることへの脅威から保護してくれるわけであるが、この規範秩序の維持のなかで個々人のアイデンティティの源泉へ通じようとする欲求と、リアルで意味に満ちた世界内にあり続けようとする欲求をグローバル化が刺激し続けているということである。ユルゲンスマイヤーはこのことに関して、「なぜ宗教なのか」という問いを立てて、次のように記している。

宗教的イデオロギーの魅力の一部は、そのきわめて個人的な性格にある。それは信奉者に贖罪と尊厳の感覚を与える。宗教的イデオロギーに引き寄せられる者は、表社会の端に押しやられたと感じている者、それゆえ屈辱を覚えている者であることが多い。敵を悪魔に仕立て上げ、コスミック戦争の概念を奉戴せんとする彼らの努力は、自らを気高きものとし、力を獲得し、屈辱をはらす試みであると見ることもできる。さして破壊的なものにならないうちは、こうした努力もまた心うつものであろう。しかし、それらは個人的な行為であるにとどまらない。象徴的な力の付与を目指すこうした暴力的努力には、その支持者や行動家の個人的満足や力の感覚のレベルを超えた影響力がある。道徳律の名目による殺人行為それ自体が、政治声明である。このような行為は、道徳的に正当な殺害の、国家による独占状態を破壊するものである。人を殺す権利を自ら手にすることによって、宗教的暴力の遂行者は、無力の者たちに代わって権力の大胆な要求を行う。かくしてそれは、世俗国家が依拠する公共秩序とは異なる公共秩序の正当性の根拠となるのである。(10)

ユルゲンスマイヤーは、現状のグローバル化が進むなかで起こっているさまざまな暴力について、この状況が悲しむべきことであるのは否定できないが、グローバル化がさらに進み、いつの日か真のグローバル社会が実現することの可能性についてふれている。どのようなかたちでそれが達成できるのかは予測できないが、共通の道徳体系、霊性、社会的価値観がグローバルに共有されるときがやってくるというのは必ずしも夢想ではないと。モハンダス・ガンジーやキング牧師など偉大な人物がグローバルな霊性の先駆者とみなされ、それぞれのコスミックな社会において、グローバル化に対する全く新しい形での宗教的応答がなされ、聖性を有した価値が共有される世界が到来する可能性についての展望がなされている。(11)

5　グローバルな倫理への「宗教」の役割——自伝統内の普遍的倫理の意識化

ユルゲンスマイヤーが展望するように、グローバルな倫理が世界規模で共有される可能性に宗教が果たす役割は大きいだろう。グローバル社会が単にモノや金などの経済のグローバル化に終始するのであれば現行の共同体間の生存への競争から生じる摩擦は減じられることはないだろう。先のユルゲンスマイヤーの「真のグローバル化」ということが達成されるためには、グローバルな共同体に普遍的倫理意識が共有される必要がある。

このことに積極的に関与し運動を展開している人々はかねてから存在している。たとえば、ハンス・キュングはその代表的な人物である。彼は Global Ethic、地球倫理ということを提唱している。

「自らにしてほしくないことは他人にもするな！」「自らにしてほしいことを他人にもせよ！」、地球倫理宣言の起草の中心者であったハンス・キュングによれば、これらの言葉は諸宗教伝統に何千年にもわたって生き続けてきた原則であるとする。そして、この原則は人間のあらゆる生活の場、すなわち家庭や共同体、国家、宗教において、また人権について語る時に「取り消し不能」で「無条件の規範」でなければならない「黄金律」であるとしている。我々の世界をとりまく根本的な危機状況への応答としてなされた地球倫理の宣言は、新しい地球秩序の創出への試みであり、新しい普遍的意識を喚起するものである。それはしかし、なにもないところから案出されたものではなく、宣言のなかの言葉を用いれば、「地球的苦悩に対処できる倫理はすでに世界の宗教の教えのなかにある」のである。そして、宣言では、これらの倫理が世界の膨大な危機や苦悩のすべての直接的解決を提供するものではなくても、「個人的及び地球規模のより良い秩序、すなわち女性も男性をも失望から、そして社会を混沌から導き出すヴィジョン、の道徳的基盤を供給するもの」であるとしている。また宣言の根本的前提として、諸宗教のなかには「お互いを結合する価値」、「取り消し不能の基準」、「根本的道徳態度に関する最小限の根本的意見の一致」があることが繰り返し確認されている。

このような前提のもと、冒頭で確認した黄金律とともに宣言のなかで「根本的要請」として提示されているのが「すべての人間は人間として扱われなければならない」ということである。さらに、世界のほとんどの宗教伝統に見いだされる人間行動のより広範な「古来の指導原理」が「四つの取り消し不能な教令」として提示されている。すなわち、

「1　非暴力と生命の尊重の文化への献身」

「2　一致団結と公正な経済秩序の文化への献身」

「3　寛容と真実の生活の文化への献身」

「4　男性と女性の平等な権利とパートナーシップ（共同精神）の文化への献身」

である。[12]これらの4つの教令もまた諸宗教伝統のなかに共通に見いだされる「殺すな、盗むな、嘘をいうな、性的道徳をおかすな」といった諸宗教が共有する倫理をもとに現代的な問題群へ対処していく原理として提示されている。


同宣言は人類が直面している根本的な危機にいかに人間存在にとっての共通の倫理意識をもって対処しうるかという点に慎重な配慮がなされており、特定の宗教伝統の言葉を使用することなく普遍的な倫理として提示されている。ゆえに同宣言は、「我々は、宗教的であるなしにかかわらず、一切の人々に同様にするように招請する」とされ、この規範は、宗教的実践者にのみ課されることではなく、地球上に住む人間全体が負うべき責務だとしている。

提起された諸原則が諸宗教の教えや倫理の普遍的な側面を見事に抽出して提示した点にその特徴と意義深さがある。冒頭であげた黄金律も含めて、「諸宗教の共通のGlobal Ethicが、新しい発明ではなくて、新しい発見にすぎない」としている点は、諸宗教を生きる人々がこれまで維持してきた信仰や教え、実践が汎人類的な普遍的な倫理と何ら矛盾するものでないということを意識化させると同時に、混沌とした現代のイデオロギーや諸言説に拘泥することなく諸宗教本来の教えの原点を確認させてくれるのである。宣言で確認された普遍的倫理は普遍的でありつつも、「現在の一切の宗教を越えた世界のイデオロギーとか単一世界宗教とか、あるいは一切の宗教の混合を目指すべきでなく、その方向で努力することもできない」とし、地球倫理は具体的な諸宗教伝統の本来的な力を発現させることを促そうとするのである。このことは、宗教間対話についてしばしば指摘される種々の難問を回避、あるいは飛び越えて、最小限の共通・普遍の価値意識から出発し、新しい秩序の創出もしくはそのような意識を創りだす挑戦とみることができるだろう。

地球倫理の普遍性は、普遍的でありつつ諸宗教伝統の特殊性を普遍の具体的顕現として観ていく点にその有効性と意義深さがあるものと考えられる。また、このような普遍的な地球倫理の策定のために行われた諸宗教の対話の機運は、民族間の抗争や経済的分配の不平等、環境の悪化など混迷を深める世界にあって第二の軸の時代の形成につながるものとして期待されている。このようなハンス・キュングらの取り組みや、他の宗教者などによる諸伝統間における対話はぜひとも必要となってくることである。

6　選択的道徳離脱の背景

キュングのグローバルな倫理の共有を訴える運動の正当性とその意義については理解できるとしても、宗教者でないものも含めて、普遍的倫理を奉戴しているだけではたして現状を変えていく力になるのかという、やや冷めた見方もあって不思議ではない。また、ユルゲンスマイヤーが述べたような真にグローバル化された社会は期待されるべきヴィジョンであるが、それが到来するまで我々はやはり待つしかないということなのかと考えてしまうのもいたしかたないところである。現在の、世界に恐怖を植え付けることを目的とした暴力の氾濫、またとまらない憎しみの報復の連鎖をどのようにしたら断つことができるのだろうか。残念ながら、どの研究者や専門家もそのことへの万能策を提示することはおそらく不可能であろう。

しかしながら、われわれは暴力がどのような段階を経ながら行われるかということは知ることができる。先に、われわれは宗教は暴力の源泉となっているのかということを問うなかで、問われるべきは、人間に普遍的に内在する暴力性が、どのようなかたちで「宗教」を経由して発動するのかということを問うべきであるとした。なぜ「宗教」なのかということについては、バーガーやユルゲンスマイヤーなどの論をもとに考察してきた。

ここでは、キュングが指摘するような諸宗教伝統に共有される倫理があるにもかかわらず、それが暴力抑止の力とならないのかということについて考察したい。おそらくこのようなことがおこるメカニズムとプロセスには、宗教を背景にした暴力であれ、非宗教的なものであれ、また暴力が行使される文脈においては合法的なかたちをとられるものであっても、すべての状況に共通するものがあると思われる。ここで取り上げたいのが、アルバート・バンデューラによって提示された選択的道徳離脱のプロセスである。

社会学習理論などで知られる心理学者のアルバート・バンデューラはテロや暴力が引き起こされるとき、その当事者の心理学的過程において、選択的道徳離脱（selective moral disengagement）が数段階のプロセスを通して起こっていることを明らかにした。

バンデューラによると人は通常、「自己処罰（self-sanction）」によって抑制され、道徳規範に反しないように社会行為を行っているとされる。たとえば、感情にまかせて、あることを行いそうになった時に、このような行為は道徳規範に反することであることを直感的に理解し、それを行った時のことを想定し自己処罰することによっておもいとどまる。しかしながら、この道徳的自己処罰が、あるプロセスを通じて、選択的に道徳規範に添うべきものではないとして機能しないというのである。これが選択的道徳離脱である。この選択的道徳離脱が行われると、場合によって内的規範に沿った行為ができなくなるとしている。このことに関してバンデューラは次のように述べている。[13]

道徳規範が行為の強固な内的制御因として機能しないことがある。自己抑制メカニズムは活性化されない限り働かない。そこには多くの心理過程が関与しており、すべての過程が活性化されて初めて残虐な行為が阻止される。自分の都合がいいように道徳規範を選択的に活性化し、自己処罰から逃れることで、他者に害をなす行為を行うかもしれない。（図参照）（中略）この過程により、非難されるべき行為をしたとしても、道徳的な自己非難から逃れることができる。そこでは、道徳的正当化、責任回避のための社会的比較、婉曲的な言語表現といった心理過程を通して、反社会的な行為を立派な行為と定義しなおすことになる。自己非難を回避するために、犯行者は責任の転嫁と分散を用いて危害を引き起こした自らの役割を小さく見積もる。道徳規範からの選択的離脱によって、反社会的な行為から生まれる危害を矮小化し曲解し、そして場合によっては犠牲者の人間性を奪い去ることのみならず犠牲者自身がそのような危害の原因を作ったと非難することさえある。

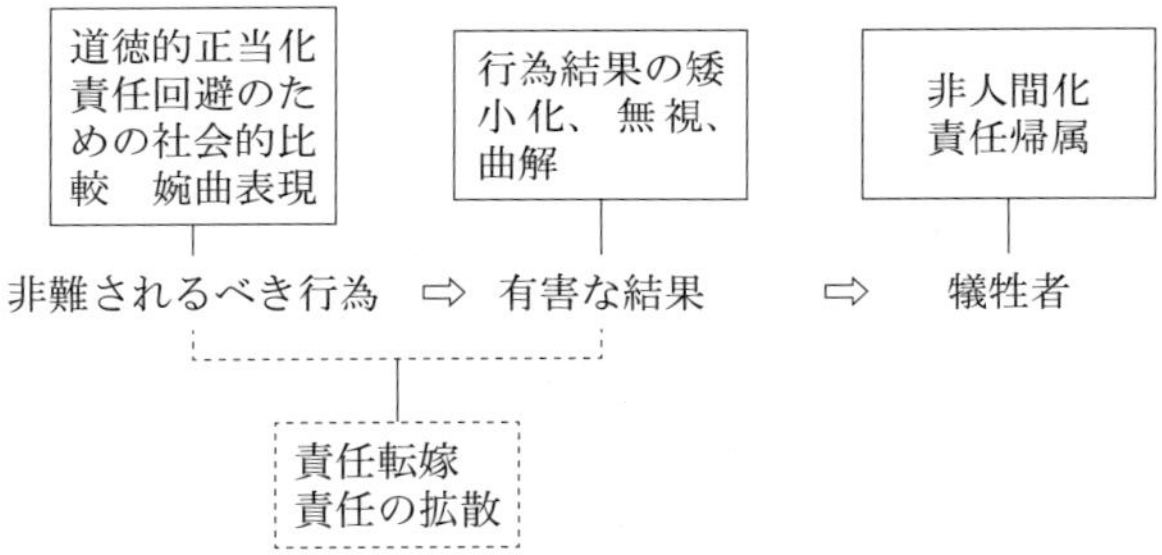

図．自己制裁の各段階で道徳的自己制裁が選択的に活性化され、有害な行動が実行されるメカニズム

バンデューラは、図の言葉を各節に分けて、選択的道徳離脱のメカニズムを説明している。図で示されているように、「非難されるべき行為」は「有害な結果」を生み、「犠牲者」がでることになるが、その具体的な行為と結果の間にさまざまな道徳離脱の要素が介在することになる。以下各節をバンデューラの説明をもとに筆者なりにまとめると次のようになる。

①道徳的正当化

まず行為それ自体の解釈の変更による暴力手段の是認が行われることによって通常は非道徳的な行為が正当化される。たとえば、殺人は通常許されない定言命法的な絶対にやってはならない非道徳的行為であるが、それが正当化されると善行になってしまうことさえある。具体的には戦争での殺人行為がそれである。もちろん、「テロ」行為の行われる場合も道徳的正当化がまずあることになる。道徳的正当化はマスメディアを通じて強化される。メディアの使用により社会的にひろく自己の主張をつたえることによって、道徳的正当性を訴えることが行われる。

②責任回避のための社会的比較

自分が実行した残虐行為を他と比較し低く見積もる。非難すべき対象は自分たちよりひどいことを行っており、自分たちの破壊行為などは些細なものであるという対比のなかで自分たちの非難されるべき行為をできるだけ小さく見積もる。過去の歴史の利用などによって行為の残虐性が対比されたりする。

③婉曲語

暴力行為を「攻撃」とラベリングするのではなく、より穏健な呼び方にすると、人はより残虐にふるまう。たとえば爆撃は「ターゲットに対するサービス」、ミサイル誤射は「友軍砲火」などの表現を用いるなど行為のラベリングによって責任を低減する。

④責任転嫁

自分が引き起こした危害について自分の主体的な役割を曖昧にしたり、小さくすることで自己非難から逃れることができる。正当とされる権威者が行為の結果について責任を引き受けるなら、人は道徳を無視して行動することができる。

このことは我々に次のような事例を思い起こさせる。ナチスドイツのアイヒマンが、ユダヤ人を次々とガス室に送ったことについて罪に問われた裁判で「私は命令に従っただけ」、「直接手を下したわけではない」と述べたことに、裁判を傍聴したハンナ・アレントは、まがまがしい悪人を想定していたが、そこにいたのは凡庸な小役人にすぎなかったと述べた。いわゆる「悪の凡庸さ」の問題であり、思考を停止した人間の行為のもたらす結果の罪深さがここにある。

⑤責任の分散

反社会的な行為とその結果との結び付きが責任の分散によって曖昧になると、自己処罰による抑止力は弱まる。

⑦非人道的な結果の軽視と歪曲

他者を傷つける行為をする場合、人はその結果を見ようとしないし、影響を小さく見積もり、結果を無視し、矮小化し、歪曲することによって自己非難を避ける。

⑧非難の帰属

敵対者を非難することや、非人道的な行為を行わざるをえない状況自体を非難することが自己の罪を軽視するもう一つの便法となる。相手や状況によりやむを得ず極端な手段しか取れなかった罪のない犠牲者であると自分をみなす。

⑨非人間化

相手を人間とみなさないことで自己処罰を回避する。他者を「凶悪な鬼」「変質者」「害虫」「虫けら」などの呼称をもって、人間以下の生き物として対象化する。

バンデューラは最後のこの非人間化の記述において、道徳規範の離脱は個人の心理的内的なものだけが原因ではなく、社会のコミュニケーション・システムや言説など、個人と社会の相互作用の結果として生み出されるのだとする。

このような選択的道徳離脱のメカニズムを記したうえで、バンデューラは、この状況を現出させせないためにも道徳的関与による人間性共感の促進の重要性を指摘し、人間が平常な生活のなかで培ってきているヒューマニズムがいかに残虐な行為を抑止する力があるかを描き出している。

バンデューラの研究において我々がもっとも注目すべき点は、上記道徳離脱のプロセスやメカニズムがいわゆる「テロリスト」と称される非道徳的な過激派のみに見られるのではなく、それへの報復攻撃などにも当てはまるのだという視座のもとで分析されている点である。バンデューラが指摘しているようにそのような選択的道徳離脱のメカニズムは我々の日常にもその契機がかくれており、人間と暴力の関係を知る上で重要な視点を提供している。

バンデューラは、この選択的道徳離脱が可能となる諸要素のなかで最後の、対象の「非人間化」が避けられるべきことであることを強調し、「どのような場面でも『人は人間性をもっている』という共通した意識を人々に持たせることが大事で、それにより思いやりのある慈悲深い行動が促進される。たとえ身勝手な違法行為が行われやすい社会的状況に人々が置かれたとしても、道徳的制御が機能していれば人々は人間的に振る舞うことができる」としている。(14)

選択的道徳離脱の上記の諸要素は、アレントが指摘した「悪の凡庸さ」の問題に通じるところがあり、われわれが他者に無関心でいることに潜む暴力への契機、またわれわれの社会のなかにある道徳離脱の日常的潜在性に注意を喚起させるものである。

むすびにかえて

選択的道徳離脱における他者の非人間化の問題は、宗教と暴力の問題が、多くは民族的紛争や一神教の伝統の問題であり、海外の問題なのであって日本人にとって関係ないことだろうと受け止められがちな我が国の現在の社会情勢のなかにも認められるのではないのかと思われる。

中国や韓国との領土問題や歴史認識問題などを要因とする外交上の緊張状態が数年続いている。このような状況を背景に、インターネット上では、他者を非人間化した言葉や呼称があふれかえっているのが現状である。グローバル化はこれまで見てきたように、人々のアイデンティティの危機をもたらすものとなってきている。日本人もまたそのような「我々は何者なのか」というアイデンティティを喪失し続けてきているといえる。

グローバル化の中における他者とのコンタクトは、本来的には自己の新しい発見をもたらすことにつながるはずだが、他者の非人間化によってかえって自己のアイデンティティの喪失をもたらすことにつながっている。失われたアイデンティティを探し求めて、ナショナリズムという擬似的に聖化されたコスミックなもののなかに自己の存在の意味の充足をはかろうとする欲求は、普遍的な倫理意識からとおざかることになり、暴力への参与と加担へと容易に結び付く恐れがある。暴力への契機を遮断するには、まず、日常のなかで他者の非人間化をいかに回避するかという課題を常態的に意識することが必要となってくる。

注

(1)サミュエル・ハンチントン著、鈴木主税訳『文明の衝突』、集英社、一九九八年。
(2)ユランソワ＝ベルナール・ユイグ著、遠藤ゆかり訳『テロリズムの歴史』、創元社、二〇一三年。
(3)同、一八頁。
(4)同、一〇一頁。同書のなかでジャック・デリダのテロリズム概念に関する言を紹介している。「たとえば、アメリカが国家によるテロリズムを実行、あるいは助長したと非難されていることは良く知られている。また、宣戦布告がなされた国家間の戦争時でも、ヨーロッパの古いしきたりにもとづいて、テロリズムはひんぱんに起きていた。二つの世界大戦時になされた多少とも大規模な爆撃よりずっと以前から、民間人を威嚇する行為は古典的な手段だった。それは、何世紀ものあいだずっと、行われてきたのである」（ジャック・デリダ、「テロリズムとはなにか」『ル・モンド・ディプロマティーク』紙、二〇〇四年二月）。
(5)農耕と世界の組織化、コスモロジーに関しては、ミルチャ・エリアーデ著、荒木美智雄他訳『世界宗教史I』、筑摩書房、一九九一年、四〇頁～四七頁参照。
(6)ピーター・バーガー著、薗田稔訳『聖なる天蓋――神聖世界の社会学』、新曜社、一九七九年、四〇頁。
(7)ハンチントン、前掲書、二〇頁～二一頁。
(8)マーク・ユルゲンスマイヤー「宗教戦争・テロリズム・平和」、島薗進他編『宗教――相克と平和』

秋山書店、所収、二〇〇八年、二四頁。

(9) 同、二四頁〜二七頁。

(10) ユルゲンスマイヤー、前掲書、二〇頁〜二一頁。

(11) ユルゲンスマイヤー、前掲書、三〇頁〜三一頁。

(12) 以上のGlobal Ethicの内容に関する引用はハンス・キューン、カール・ヨーゼフ・クシュル編著、吉田収訳、『地球倫理宣言』世界聖典刊行協会、一九九五年からのものである。

(13) ファザーリ・M・モハダム、アンソニー・J・マーセラ編、釘原直樹監訳『テロリズムを理解する——社会心理学からのアプローチ』(ナカニシヤ出版、二〇〇八年)に、アルバート・バンデューラ「テロと反テロにおける道徳規範からの選択的離脱の役割」の標題のもと所収。引用は一四二頁。バンデューラの論考はBandura. A. (1986). *Social Foundations of Thought and Action: A Social Cognitive Theory*. Englewood Cliffs, NJ: Prentice Hall. 並びにBandura, A. (1990). Mechanisms of Moral Disengagement. In W. Reich (Ed), *Origins of Terrorism: Psychologies, Ideologies, Theologies, States of Mind* (pp. 161-191). Cambridge, England: Cambridge University Press. が元になっている。

(14) バンデューラ、前掲書、一六四頁〜一六五頁。

第7章　持続可能性にまつわる倫理
——社会的公正と世代間倫理

柳沼正広

はじめに

本章では、地球環境の持続可能性に関する倫理として、前半部では、おもに地球温暖化防止のための気候変動枠組み条約における先進国と発展途上国の対立を手掛かりに社会的公正について論じ、後半部では、石油資源の枯渇の問題から世代間の倫理について論じた。前半部では公正について考えるために、ピーター・シンガー、ジョン・ロールズ、アマルティア・センの考え方を、後半部では、世代間倫理についての加藤尚武の考え方を簡単に紹介している。少しでも読者が持続可能性の問題について考える参考になれば幸いである。

1　世代内の公正

（1）先進国と発展途上国の対立

〝持続可能性〟ということが世界で広く言われるようになったのは、「環境と開発に関する世界委員会」による報告書が公表された１９８７年以来である。この委員会は、国連の決議のもとに１９８４年から活動を始め、委員長だったノルウェーの首相の名前からブルントラント委員会とも呼ばれる。その報告書には、次のようにある。

持続的な開発とは、将来の世代の欲求を充たしつつ、現在の世代の欲求も満足させるような開発をいう。持続的開発は鍵となる二つの概念を含んでいる。

一つは、何にも増して優先されるべき世界の貧しい人々にとって不可欠な「必要物」の概念であり、もう一つは、技術・社会的組織のあり方によって規定される、現在及び将来の世代の欲求を満たせるだけの環境の能力の限界についての概念である。(1)

この報告書は、地球上での開発の持続性とは、将来の世代のために資源を枯渇させないというだけでなく、現時点での貧しい地域の人々の困窮を解消していくことであると強調している。つまり、現在と将来という世代の間における公正だけでなく、同じ世代の中における公正が問題にされているのである。

すでに１９７２年にローマクラブの『成長の限界』[2]によって地球資源の有限性が指摘されて以来、人類がほしいままに開発を続けていけば資源は枯渇し、やがて世界の破局が訪れるとの危機意識が高まっていた。先進国で発せられていたこのような警告は、これから発展を成し遂げようとしていた発展途上国側には、環境を守るためには開発をあきらめるべきだというメッセージと見え、とても受け入れられるものではなかった。このような事情から、ブルントラント委員会の報告書は、環境を守ることと発展途上国の発展の両立と、さらにその両者が補い合っていくことも可能であることを主張したのだった。[3]

この考え方は、世界規模の環境政策の基礎を作ったと言われる、１９９２年にブラジルのリオデジャネイロで開催された地球サミット（国連環境開発会議）にも受け継がれ、さらに10年後の２００２年に開催されたヨハネスブルク・サミット（持続可能な開発に関する世界首脳会議）の宣言では、①適正な経済の発展、②人間の基本的権利や文化の多様性を守ることができる社会の発展、③環境保護の三つが、開発の持続可能性にとって互いに依存し支え合う不可欠な要素として確認され、地球規模の格差を解消して貧困に苦しむ人たちの生活を根本的に改善していくことが目指されていた[4]。

しかし実際には、世界は歩調を合わせてこの目標に向かって行動することができずにいる。ヨハネスブルク・サミットの頃には、リオデジャネイロでのサミットからの時間は「失われた10年」「空白の10年」などと言われていた[5]。そして、再びリオデジャネイロで２０１２年に開催された「リオ＋20」（国連持続可能な開発会議）においては、世界の危機的状況に一刻も早い対応が求められているにもかかわらず、将来へ向けて積極的な声明を出すことができなかった。その原因について、ヴォルフガング・ザックスとティルマン・ザンタリウスは、〝社会的公正〟に対する配慮がアメリカ、カナダ、日本、オーストラリア、ヨーロッパのいくつかの国々などの先進国側に欠けていて、発展途上国の怒りを呼び起こしたことにあると断じている。つまり、世界人口の４分の１が世界の資源の４分の３を利用しているという圧倒的な不平等がある中で、これまで多くの資源を消費して発展を遂げてきた先進諸国が環境問題への積極的な姿勢を示さずにいるのだから、今まで置き去りにされ、植民地支配などで不当に扱われてきたと思っている発展途上国側が、自分たちの発展を遅らせるような温暖化防止策などに協力するはずがないのだ、と。[6]

地球の温暖化は、太陽からの光を吸収した地表が放射する赤外線を吸収して断熱材のような働きをする二酸化炭素やメタンなどの温室効果ガスが、空気中に過剰に蓄積されることによって生じると考えられている。人類が排出してきた温室効果ガスが気候に異常な変化をもたらしていると広く意識され始めたのは１９８０年代末であった。この問題に対処するために１９９２年に国連で採択された「気候変動枠組み条約」が、同年のリオデジャネイロでの地球サミットにおいて１５５の国によって署名され、この条約に参加している国の会議（ＣＯＰ）[7]の第三回会議（ＣＯＰ３）が１９９７年に京都で開かれ、具体的な二酸化炭素の排出削減目標を決めた「京都議定書」が成立した。この京都議定書の特徴の一つは、先進国側だけにそれぞれの温室効果ガス排出量の削減を義務づけたうえで、どの国も割り当てられた排出量に満たない分は他国に売ることができるという仕組みをつくり、まだ排出量の少ない発展途上国側に配慮したことにあった。しかし、最も多くの二酸化炭素を排出していたアメリカでは、議員の３分の２が賛成した「先進国のみに義務を負わせる国際協定に加盟すべきではない」との議会決議のためにクリントン大統領は京都議定書を議会に付託することができず、次のブッシュ大統領は２００１年、京都議定書から離脱することを宣言した。[8]京都議定書は、批准した先進国等の総排出量が、1990年の55パーセント以上でなければ発効されない取り決めになっていたので、アメリカの不参加は議定書の発効そのものを危うくしたが、2004年にロシアの議会が批准したことによって2005年に発効した。

その後も、COPの場では、先進国と発展途上国の対立が露わになることが多かったが、2011年の南アフリカのダーバンで行われたCOP17では、いま最も多くの二酸化炭素を排出している中国やアメリカも含むすべての主要排出国に対して法的拘束力を持つ枠組みを2020年に発効することが決められた。しかし、その直後、2011年末には、カナダが批准国として初めて京都議定書から離脱することを宣言し、また2013年からの京都議定書の第二約束期間には、日本とロシアは参加していない。

2013年、ポーランドのワルシャワで行われたCOP19でも先進国と発展途上国の利害がぶつかり合い、2020年以降の枠組みにおける削減目標は、各国が「自主的に」決めることになり、発展途上国への資金援助も「支援できる」国が行うという限定的なものとなったという。(9)

そもそも京都議定書は、その実効性に疑問が持たれていた。様々な利害を調停し妥協した結果、目標があまりにも低く設定されたためである。気候変動に関する政府間パネル（IP

ＣＣ[10]）は、温暖化を食い止めるには温室効果ガスの排出量を基準とされる１９９０年の60パーセント削減しなければならないとしていたが、京都議定書では２００８年から２０１２年までに先進国全体で5パーセント削減という目標にとどまった。[11] このような事情もアメリカやカナダの離脱や、先進諸国の消極的な姿勢に影響を与えていると考えられる。

「途上国をともに救うのでなければ、地球を救うことができないという「倫理」を先進国が実行に移すことが「途上国の参加」には必要である」[12]と加藤尚武は述べている。今、ツバルなどの南太平洋の小さな島国は、温暖化によるとみられる海面上昇のために国土消失の危機にある。このようなことから、ザックスとザンタリウスは、「南北間の公正の実現なくして温暖化防止を効果的におこなうことはできない」だけでなく、逆もまた言い得るとして「地球環境を守らずして世界に公正はない」とも強く訴えている。[13] そこまで地球の環境悪化は進行している。

（2）公正とは何かを考えるために

環境問題は、我々にこれまでの生き方の変更を要請している。いま先進諸国の多くの人を支配している考え方は、個人主義・自由主義を基調としており、これまで自由な個人の活動が、社会を発展させると信じてやってきた。しかし、温暖化などの環境問題は、この考え方の前提が失われていることを突きつけてくる。それは我々が生きる地球は無限の空間ではなく、有限の空間であること、個人と個人は無限の空間の中でそれぞれ自由に活動しているのではなく、思っていたよりずっと狭い空間の中で限られた資源を共有していること、もはや「他者と関わりを持たない行為はない」ということである。[14] 温室効果ガスを大量に排出している国に暮らす人々は、地球の温暖化によって南太平洋の島国の人々の暮らしが脅かされていることを知れば、自分たちが他人の自由を奪い、権利を侵害していると意識せざるを得ないのではないか。自分たちの生活が直接脅かされる経験をする前に、地球全体のために自分たちの「自由」を制限するような選択をすることができるだろうか。

(2) ー1　ピーター・シンガー「利益に対する平等な配慮」

ピーター・シンガーはその著書『実践の倫理』の中の「富める者と貧しい者」と題する章で次のように述べている。世界には「絶対的貧困」の中に暮らす人々と、「絶対的豊かさ」の中に暮らす人々がいる。豊かな国の人々がもし今まで以上の援助をしないのであれば、貧しい国の人々を絶対的貧困に苦しませ、その結果、栄養不良、疾病、死に至らしめていると結論せざるを得ない[15]、と。シンガーは、「絶対的貧困」という言葉を提唱した世界銀行総裁ロバート・マクナマラの1976年の言葉を引用している。「絶対的に貧しい人々とは、特権的な環境の中で文化的な生活を送る我々の想像力の範囲をほとんど越えた不潔で惨めな環境のなかで生きのびようともがく、無残なまでにいっさいを剥奪された人間のことである」。先進国の人々と比べて、幼児死亡率は8倍、平均寿命は3分の2、成人識字率は40パーセント、栄養摂取量も二人に一人が許容レベルに達しておらず、数百万の幼児の蛋白質摂取量が脳の成長に十分でない。絶対的貧困は「人間の品位のいかなる理にかなった定義にも満たないほどに、栄養不良、文盲、疾病、不潔な環境、高い幼児死亡率、短い平均寿命によって特徴づけられた生活条件」だと定義される[16]。

これに対してシンガーは、「絶対的豊かさ」を定義して次のように述べている。「周囲の人々に比べれば豊かだと言わざるをえないという意味ではなくて、人間の必要のどんな理にかなった定義から言っても豊かだということである。これは、基本的な生活必需品を手に入れるのに必要とする以上の所得があるということである」[17]。シンガーは、北米の人々が肉やミルクを摂取するために家畜を育てていることから貧しい国の5倍以上の穀物を消費していることや、先進国では貧しい国々への援助よりもたばこや酒により多くの金が使われていることを挙げながら、このような豊かさを享受している我々が、絶対的貧困に対して何かしら援助する手立てを持ちながら援助をしないのであれば「我々はみな殺人者であると考えられよう」[18]とまで述べている。

シンガーは功利主義の立場から、このような主張を展開している。彼のいう功利主義は、次のように要約できる。人の欲するものは何であれ、その人の利益になるとするなら、私自身の利益を他者の利益以上のものとみなさず、利益を比較考量して関係者の利益を最大のものにしそうなコースの行為を採用することが善であるとする考え方である。そしてその利益の比較考量は日常生活の中でそのつどそのつど行われるのではなく、異常な事態や、将来のための一般的な原則の選択について反省するときに行われる。そして最善の「結果」を重視することから帰結主義の立場をとる。[19]つまり先に使われた「殺人者である」との言葉は、この帰結主義に由来する。殺すことと死ぬにまかせることとの間に倫理的な区別を設けないからである。

生存の権利は、自分の生命を守るために他者を退ける権利ではあっても、自分の生命が危険にあるときに他者に援助を求める権利ではないので、殺すという作為に責任はあるが、救わないという不作為には責任がないというかもしれない。しかし、シンガーは、このような権利論がはじめに想定する〃自然状態〃において相互に独立して暮らす個人なるものを認めない。なぜこの独立した個人という歴史性のない抽象的な、およそ説明のつかない観念から出発しようとするのか。我々は人類になる以前から社会的存在であるのだから、権利というものを干渉を退ける権利に限ると想定するのではなく、容易に助けられるときに人が死ぬのを見過ごすことはできないという見解を採用すべきだ、とシンガーはいう(20)。

この「救うことのできる人をすべて救うこと」と「殺してはならないこと」を同列に置くような倫理は高い要求であり、聖人や英雄の倫理ともいえることを認めながらも、シンガーは、殺さない義務だけを課して他者を救う義務をまったく課さない倫理だけが選択肢ではないとして次のように述べる。「非常に悪いことが起こるのを防ぐ力が私にあるのなら、そして、それに匹敵するほどの道徳的に重要なことを犠牲にしないですむのなら、私はそれをなすべきである(21)」と。より大きな不利益とより小さな不利益では、より小さな不利益を選択すべきであるとするのが功利主義である。

またシンガーは、身近な人間だけを助けて遠い国外の人間を助けないという考えにも道徳的正当性はないという。彼は〈利益に対する平等な配慮〉を重んじる。それは、道徳的な配慮をするさいに、自分の行動に影響される人々全員の同様の利益に等しい重みを置くということで、たとえば、ある可能な行為がXとYにのみ影響を与えるとき、Yが得る利益よりもXがこうむる損害のほうが大きいならば、たとえ自分がYのほうを気にかけていたとしても、その行為はしないほうがよい[22]。平等な配慮とは、自分の行為の影響を受ける人の特性や資質、あるいは何者であるかといったことに基礎を置くものではなく、行為の影響を受けるすべての関係者の同様の利益を等しく考慮することなのである。

もし自分の親族が絶対的貧困に陥っていくのを見過ごすことになるなら、絶対的貧困に匹敵するほどの道徳的に重要なものを犠牲にすることになる。しかし先進国にはそのような犠牲を払わなくとも、絶対的貧困のために援助できる人が多くいるはずである。シンガーが問題にしているのは、十分に衣食を与え、しっかりした教育を受けさせた子どもに、さらに自分専用の車を買い与えるのか、それとも絶対的貧困の中で死を待っている子どもたちのために援助の寄付金をするのかということである[23]。シンガーは、より具体的に言っている。豊かな国で平均以上の収入を得ている人は、特別な理由がない限り、所得の10分の1を絶対的貧困を減少させるために提供すべきであり、「どんな理にかなった倫理的基準によっても、これは我々がなすべき最低限であり、もしそれ以下のことしかしなかったら、我々は間違ったことをしているのである[24]」と。

（2）－2　ジョン・ロールズ「格差原理」

次に、功利主義を批判する立場から、公正としての正義を考えたジョン・ロールズの所説を、おもに川本隆史[25]と伊勢田哲治[26]の解説によりながら見ていきたい。功利主義のようにあらゆる人の幸福の量をすべて足し合わせた結果を見るだけでは、ある人が損害を受けることになりそうでも、他の人々の利益がそれをはるかに上回りそうなら、その損害も容認されてしまう恐れがある。シンガーも、功利主義における〈利益に対する平等な配慮〉の原則は平等についての最小原理であり、利益を持つことができない者への援助がなされず、かえって格差を拡大させる場合があることを認めている。[27]ロールズが思索を深めていった時期は、黒人や女性の権利を求める運動がアメリカで大きな社会問題となっていた時期である。ロールズは、功利主義的な考え方では個人を尊重する社会の理論として不十分であり、社会的弱者の権利の要求に十分な基礎を与えることはできないと考えた。

ロールズは、功利主義のように幸福の総和の最大化（最大多数の最大幸福）にではなく、一人ひとりが社会のあり方を論じ合って、皆が納得するところに正義があると考えた。そこで彼が論じたのは、個々人が社会の中で生きていくうえで不可欠と考える基本的な財を、いかに分配するかについての原理を定式化することだった。基本的な財とは、合理的な人間であるならば、その人がどのような人生設計を抱いても役に立つと考えて欲すると推定されるものであり、権利・自由・機会、所得・富、自尊の社会的基礎といったものである。(28)

ロールズは、ロック、ルソー、カントに代表される社会契約説の伝統を踏まえて、自由で平等な人々が、自分たちが参加する社会の根本的なあり方を前もって討議したら、どのような原則が採択されるだろうかと問いかけ、そのような仮想の討議の場を〈原初状態〉と呼ぶ。そして、このようにして社会の形態を定める諸原理を導き出す道筋を〈公正としての正義〉と呼んでいる。(29)

〈公正としての正義〉において、伝統的な社会契約説における〈自然状態〉に対応するものが、平等な〈原初状態〉(original position)である。言うまでもなく、この原初状態は、実際の歴史上の事態とか、ましてや文化の原始的な状態とかとして考案されたものではない。ひとつの正義の構想にたどり着くべく特徴づけられた、純粋に仮説的な状況だと了解されている。この状況の本質的特徴のひとつに、誰も社会における自分の境遇、階級上の地位や社会的身分について知らないばかりでなく、もって生まれた資産や能力、知性、体力その他の分配・分布においてどれほどの運・不運をこうむっているかについても知っていないというものがある。さらに、契約当事者たち（parties）は各人の善の構想やおのおのに特有の心理的な性向も知らない、という前提も加えよう。正義の諸原理は〈無知のヴェール〉（veil of ignorance）に覆われた状態のままで選択される。諸原理を選択するにあたって、自然本性的な偶然性や社会情況による偶発性の違いが結果的にある人を有利にしたり不利にしたりすることがなくなる、という条件がこれによって確保される。全員が同じような状況におかれており、特定個人の状態を優遇する諸原理を誰も策定できないがゆえに、正義の諸原理が公正な合意もしくは交渉の結果もたらされる。[30]

このようにロールズは、社会の根本原理を討議する場に〈無知のヴェール〉を導入して、人が自分にだけ都合の良い判断ができないように、どのような地位を占めるか、どのような理想や関心を持っているかなどの情報を遮断する。様々な社会に適用できる原理を導くために、社会についての細かい情報も与えられない。そして人々は他人の利害には関心を持たず、自己の状況の改善を合理的に求めるとされ、さらにその討議の場で決定されたことについては、例外も変更も認められず、対立する要求も適切に順序づけられて全員が納得して受け入れた原理として周知徹底されなければならないことが了解されているものと仮定する。

ロールズは、このような〈原初状態〉においては、人は自分が最も恵まれた立場に立つことを想定して判断するのではなく、最も恵まれない立場に立って原理を選択するだろうと考えた。つまり、最悪の事態を最大限改善するような判断基準に則って社会の根本原理は選択されるだろうと考えたのである。そうして選ばれるとされたのが「正義の二原理」であり、簡明な形では、次のように表わされる。(31)

(1) 人は、他人の同種の自由と両立する限りにおいて最大限の自由を持つ（基本的自由に対する平等の権利）。
(2) 社会的・経済的不平等は、次の二つの条件を満たす場合にのみ認められる。
(a) 全員に競争の機会を平等に与えた上で生じた地位や職務に関する不平等であること。
(b) その不平等が、もっとも不遇な立場にある人の生活を改善すると無理なく予期できるものであること。

第一原理(1)によって基本的な人権として広く認められている生命や身体の自由といったも

のが社会の全員に認められる。第二原理(2)は累進課税や公的扶助といった福祉政策を正当化することになる。累進課税制度では、豊かな人は貧しい人よりも払う税率が高いという意味で不平等であるが、そのために豊かな人が仕事を失ったり基本的な自由が奪われたりするわけではない。そして貧しい人の生活が守られると考えれば(b)の条件も満たす。ただ(1)と(2)がぶつかり合う場合は(1)が優先される。不遇な人を助けるための不平等が、他の人たちの生命・身体の自由、言論の自由などの基本的自由を侵害する形で導入されてはならない。第一原理によってすべての人に最低限の自由が保障され、「格差原理」とよばれる(b)によって〈無知のヴェール〉を取り去ったあと自分がその社会の底辺にあると分かっても最低限の生活は保障されることになるわけである。(32)

(2)－3　アマルティア・セン「基本的潜在能力の平等」

ロールズは、社会の成員の幸福を足し合わせた量の最大化を目指す総量型の功利主義がもたらしかねない不条理な格差を是正するために、社会的な基本財をできるだけ平等に配分する原理と、もっとも不遇な立場にある人の利益とならないような不平等は認めないという「格差原理」を導入したわけであるが、それでも不十分であるとするアマルティア・センの説を見てみよう。センは、功利主義やロールズの正義論は、人間の多様性を見落としているとして批判している。

基本財というアプローチは、人間存在の多様性にほとんど注意を払っていないように思われる。前に功利主義の平等論を検討した際に、私はこう主張した――もし人々が効用関数の面で根本的に相似通った存在であると仮定すれば、効用の総計値の最大化を狙う功利主義の立場からも、効用水準の平等化の方向が同時に打ち出されることになろう。したがって、人々が本当に似通った存在であったなら、功利主義はその魅力を大いに増すことができたであろうに、と。これと同じようなことがロールズの格差原理についてもいえる。人々がもしも基本的にきわめて類似しているならば、基本財という指標は、不平等の度合いを判定するのにとてもよい手段となるかも知れない。だが実際のところ、人々はそれぞれの健康状態、年齢、風土の状態、地域差、労働条件、気質、さらには(衣食の必要量に影響を及ぼすという点で)体格、の違いに伴って各人各様に変化するニーズをもっているのではなかろうか。だから、少数の難しい事例を無視しようとしているところだけなく、事実人々の間できわめて広く見られる種々の相違を考察の対象から落としているところ、ここに格差原理の問題点がある。不平等の度合いの是非を、たんに基本財の観点からだけで判断するような道徳には、必ず何らかの盲点がつきまとうものなのである。[33]

センは、功利主義のように人々の感じる幸福の内容を均質的なものと想定して誰もが同じように満足すると考えることはできないという。またロールズが言う基本財を与えられてもそれを自分の生活に生かせない人たちも多数いるだろうという。ただ基本財が与えられればよいのではなく、その財を使って何かをしてこそ価値が生まれるからである。センは、人間をたんなる「受益者」ではなく「行為者」として見る重要性を説いている。[34] 功利主義やロールズの格差原理に欠けているものとして、センは次のように述べる。

それが「基本的潜在能力」(basic capabilities)――人がある基本的な事柄をなしうるということ――についての何らかの観念である、といってもおそらく間違いなかろう。身障者の例では、身体を動かして移動する能力が関連しているものの一つだが、その他にたとえば、栄養補給の必要量を摂取する能力、衣服を身にまとい雨風をしのぐた

めの手段を入手する資力、さらに共同体の社会生活に参加する権能といった能力もここに含めることができる。(35)

加藤尚武によれば、ロールズは身体障碍者の例を無視していたわけではなく、極端な経済格差が是正されれば、そのような人たちも衣食住を賄い、社会生活に参加できるだろうと想定していたにすぎない。ロールズが前提としていたのは、国家が基本的な機能を働かせ、個人の権利や福祉について最低限度の義務を果たしているという状況であり、一方、センにとっては、そのような状況は当然のものではなく、マクナマラがいう「絶対的貧困」に落ち込んでいるような広大な地域も考慮すべきものとなる。そもそもロールズの議論は、自由で平等な市民が自分たちの社会で共に生きていくためのルール作りの話であり、「正義という公共的な観念によって実効的に規制されている社会」いわばアメリカ的な民主主義社会を想定したものであった。(36)

センら自ら、〈基本的潜在能力の平等〉の問題点の一つとして、一群の潜在能力を指標化することの難しさを挙げている中で、次のようなことを述べている。〈基本的潜在能力の平等〉の観念はきわめて一般的なものであるが、それを適用する際には、他者との関係の中で捉えられる価値も考慮しなければならないので、その人の属する社会の特性に条件づけられる。つまり、文化に従属する形で現れざるをえない。これは、ロールズの平等論が西欧近代の文化に従属している構図と同じであり、基本的潜在能力の平等論も、どの潜在能力を重視するかに関して、その人の属する文化に従属する理論となる[37]、と。

このように人々の生き方の多様性に配慮したうえで、多くの人が共通して求める事柄については、それを実現するために必要な潜在能力が平等に分配されていなければならない、とセンは主張する。身体障碍者が、基本的に健常者と同じように社会生活を送れるように支援体制が整備されなければならないし、途上国で貧困に苦しむ人々の栄養状態や識字率なども改善されなければならない[38]。

（3）温室効果ガス排出の公正な配分とは

センの〈基本的潜在能力〉の議論までみると、世界規模の不平等の深刻さもより具体的に浮かび上がってくるように思われる。いま世界銀行は絶対的貧困の定義を一日１・２５米ドル以下で生活する人と設定している。それに基づけば、世界の貧困層の絶対数は、１９９０年では18億人、２００５年では14億人になるという[39]。この貧困の問題は世界で最も重要な課題であるといえるだろう。人間としての基本的な生活を送ることができない人が多数存在している。そのような人たちが存在していないかのようにふるまうことは倫理的に許されるとは思われない。公正がどのような意味であれ、現代においては、その目的は弱い立場にある人々を守ることにあると考えられるからである。

しかし地球の温暖化問題では、豊かな先進諸国が貧しい地域をさらに追いつめていることが指摘されている。気候変動による様々な影響は、地球上のすべての人々に平等に及んでいくのではなく、まず富裕層よりも貧困層に大きな打撃をもたらすからである。さきにツバルに触れたが、温暖化による海面上昇の影響を早い段階で受けるといわれる海抜88センチメートル以下の土地に10億人以上の人々が暮らしており[40]、その多くが経済的に弱い地域である。また気温の上昇は、これまでの自然のバランスを崩し、作物は害虫に侵され、人々はマラリアやデング熱といった感染症にかかるようになる。もし2050年までに地球の平均気温が2度上昇したら、2千5百万人が沿岸地帯での洪水の被害に遭い、1億8千万から2億5千万人がマラリアにかかり、2億から3億の人が水不足に苦しむという調査もあるという。これらの被害は、温暖化の原因である二酸化炭素を大量に排出してきた先進諸国からではなく、それらとは遠く離れた地域から始まると考えられている[41]。

大気汚染と経済的繁栄の因果関係は明瞭で、エコロジカル・フットプリントという指標によってはっきり表されている。エコロジカル・フットプリントとは、人間活動が環境に与える負荷を人類の足跡として地表面積に換算したものである。たとえば二酸化炭素を排出すれば、それを光合成によって吸収してくれるだけの森林の面積が必要になる。すでに人類全体としてのエコロジカル・フットプリントは、２００８年には、１７１億ヘクタールとなり地球の面積を40パーセント超過した。その人類の足跡のうち、アメリカ23パーセントを筆頭に、上位10カ国（あと中国、インド、ロシア、日本、ブラジル、イギリス、メキシコ、ドイツ、フランス）で半分を占めている。一人あたりで見ると、２００６年で、先進工業国では５・５ヘクタール、高所得国を除く発展途上国では２・３５ヘクタールだった。豊かな国ほど地球を汚染してきたということである。(42)

では、どのようにしてこれから排出できる温室効果ガスの量を配分するのが公正なのであろうか。まず過去の排出量の責任に応じた配分である。各国が、気候変動の原因となる過去の排出量の積算によって定められた削減量を達成する義務を負う。このやり方が先進国への負担を一番大きくするもので、発展途上国側もこのような主張をしてきた。しかし、二酸化炭素等を排出することが環境に与える影響について無知だったころ（１９９０年以前）までその責任を問えるかどうかは難しい。また先進国にかかる負担が多くなりすぎると、発展途上国を支援する余裕を失う可能性も出てくる。次に、能力に合わせて排出削減を求めるというやり方で、経済的に強い国が負担者となる。豊かな国がこれまでの排出量も多く、貧しい国の発展の余地を考えると公平といえるが、これだけの理由では、経済強国が効率よくエネルギーを使う動機としては不十分である。

最後に、人口一人あたりの排出量を平等にするやり方である。これは、現状を出発点にしたいという先進国と過去の責任を追及する発展途上国の両方の主張を、ある程度妥協させることができるやり方といえる。現段階で多く排出している国に、過去の責任を問わない形でも大幅な削減を迫るからだ。[43] ピーター・シンガーの２００４年時の試算によると、目標とする排出量を一人当たり年間１トンとすると、アメリカは一人当たり年間５トン排出しているので、５分の１に減らさなければならず、他の先進諸国も１・６トンから４・２トンなので削減しなければならない。他方、発展途上国は平均排出量が０・６トンで排出量を増やす余地がまだある。シンガーは、これに、人口を増加させる問題と国によって年齢層が違う問題を解決するために、２０５０年という未来の人口予測に基づいた目標を立てることと、先進国に可能な速度で削減を実現させながら貧富の差を縮小させるものとして排出量取引を導入するとの二つを合わせて、この一人あたりで排出量を決める「全員に対する平等な割り当て方式」を支持している。ただシンガーは、功利主義の立場からではなく、単純で、政治的妥協に向いていて、グローバルな福祉を増大させるように思われるという理由で支持すると断っている。[44] 各人のエネルギー効率の違いを考えると、各人に平等に分配することは全体の利益の最大化（最大多数の最大幸福）には結びつかないからだろう。[45]

2　世代間の倫理

（1）資源の限界の予測

先にも触れたが、1972年に出版されたローマクラブの『成長の限界』は、地球の資源に限りがあること、そして自分たちの生活のあり方がその資源の枯渇を近い将来にもたらす可能性があることを多くの人に意識させた。人類は進歩していき、未来の世代は自分たちの世代よりも、もっと便利でより豊かな生活を享受するだろうとの予測が、逆に未来の世代は、自分たちよりも不便で苦しい生活をするようになるかもしれないとの危惧にかわり、しかも、それは自分たちがよりよい生活を求めて社会を発展させるために資源を用いてきたことによってもたらされるとの認識が可能になった。

しかし、資源の限界あるいは枯渇といっても、それは「いつ」訪れるのか。再生不可能な資源は、使用すれば遅かれ早かれ必ず無くなってしまう。しかし、いつ無くなってしまうか予測するのは大変に難しい。再生不可能な資源の代表である石油を例にとってみよう。石油は、自動車や工場を動かす燃料としてだけではなく、合成繊維として衣服の主な材料となっているし、その他、プラスチック、合成ゴム、洗剤、塗料などの原料である。石油はまさに現代の生活を支えている。石油が無くなったら我々の生活は大きく様変わりせざるを得ないだろう。石油の枯渇が問題になる時は、絶対埋蔵量、つまり「どれだけ石油があるか」をもとに議論されることがあるが、もっと大切なのは、可採埋蔵量、つまり「採れる石油の量はどれくらいか」である。

油田の産油量は、はじめ急激に伸びていくが、石油を採り始めてから枯渇するまでのちょうど真ん中の頃にピークを迎えて、その後だんだんと圧力が減少していくために採掘できる量が減っていくと考えられている。これはピークオイル説といわれるものであるが、油田の枯渇中間点が過ぎれば、採掘量が減少していく過程で費用に見合わなくなるときが訪れ、枯渇する前に生産が終わるだろうというものである。それまで楽観的な予想を立てていた国際エネルギー機関（ＩＥＡ）も２００８年には、ピークオイル説に基づいて、そのピークがおよそ10年あまりで訪れるだろうとの声明を発表した[46]。

しかし一方で、近年新たな油田の開発も続いており、エネルギー資源に関する楽観論も絶えることがない。ブラジル沖合の海底に、軽い石油を採掘できるプレソルトの層が発見された。少なくとも日本のエネルギー消費量30年分の埋蔵量があると見込まれている。またカナダではオイルサンドという新たな石油資源が見つかり、こちらは日本のエネルギー消費量１００年分を越える埋蔵量が見込まれている。このように新たな油田の発見が続き、確認された原油の埋蔵量は10年前の１・５倍に増えていると言われる[47]。

新たな資源の発見は、資源の限界はまだまだ数十年先のことではないかとの期待を膨らませる。そしてその間に、これまでしてきたように新たな生産技術を開発して、限界をさらに先延ばしにできるとの楽観を生み、資源の限界の問題が先送りにされてしまう。しかし資源が有限であることに変わりはない。本当に技術によって限界が訪れる前に解決できるのか。

我々は技術が進歩していくことを信じている。しかし、未だ開発されていない技術が「いつ」開発されるのか予測できるのだろうか。加藤尚武は、科学的な発見の成功は根源的には偶然であって法則化することはできないという哲学者カール・ポパーの説を踏まえながら、科学者の間でまことしやかに流通しているという「技術予測の法則」と称される理論を紹介している。それは「技術開発の可能性を示す原理の発見とその応用例の開発の時間差は短縮される傾向にある」というもので、つまり「エルステッドが電流の磁気作用の原理を発見（１８２０年）してから、フレミングなどが電気を開発（１８８５年）するまでに65年を要したが、アインシュタインが相対性原理を発見（１９１６年）してから原子爆弾が製造（１９４５年）されるまでに29年を要している。原理の発見から応用技術の開発までの時間は短縮してきている」と説明されるものである。これに対し加藤は、日本で原子力発電が開始された当時、核廃棄物の処理ができるかどうかの展望がないという意見に対して、原子力開発を支持する人たちが、先の「技術予測の法則」を根拠に、遅くとも１９８５年までには核融合の制御技術が開発されるだろうと考えていたことを紹介したうえで、結局、２００５年の段階でも開発されていないことから、そのような「法則」はデータを恣意的に配列して作られた単なる気休めにすぎないと述べている。[48]

現在、茨城県の東海村にある日本原子力研究開発機構Ｊ－ＰＡＲＫセンターでは、高レベル核廃棄物が有害な放射線を発する期間を短縮する「核変換技術」の開発が進められているという。放射性物質に加速した中性子を当てて核分裂させ、もともとよりも半減期の短い物質に変えようという試みで、高レベル核廃棄物の数万年続く環境への影響を数百年に短縮できることが確認されているようだ。しかし、まだ微量（１グラム未満）の基礎実験段階で、実際には何トンもの廃棄物を処理できるようにならなければならず、実用化は早くて２０５０年という。[49] これらの数字を見ると、原子力は、やはり人間に扱えるものではないように思われてくる。しかし、２０５０年には世界人口は96億人、エネルギー需要は現在の2倍になると予想されている。原子力を使うしかないという考えが世界の政治指導者の大勢を占めている。石油がいくら余っていたとしても、それを燃やすことによって排出される二酸化炭素が地球の温度を上げるなら、さらに使用できる量は限られる。これを解決できるような技術は「いつ」開発されるのだろうか。

資源があとどれだけ残っているのか、また技術はどれくらいの速さで進歩するのか、いずれも正確に知ることは難しい。このような事態に対して二つの態度が見られる。一つは、「弱い」持続可能性を主張する立場で、資源を多く使っても、その使った分はいずれ技術や資本によって代替できるから問題はなく、自然の損失は繁栄によって補うことが可能であると考える。もう一つは「強い」持続可能性を主張する立場で、自然を資本で代替することには限界があり、天然資源を消費していくことは自分が座っている枝を切り落とすようなことであると考える。前者は「資源利用の限界」のみを問題にしており、後者はそれだけでは不十分として、「生態系への負担の限界」を考慮しなければならないとする考え方である。(50)

しかし生態系の回復力が、どれほどのものであるのか見極めることも大変に難しい。自然は常に変化していて、はっきりとした限界の線引きをすることはおそらく不可能であろう。何万年という長い時間で考えれば、地球が持っている回復力には限界がないと言えるかもしれない。しかしそこに現在の人類の生存を関係させようと思うならば、限界の不確定性を理由に、限界が存在しないと考えることはあまりに危険であろう。予測を誤るのなら、資源が余る方に誤るのでなければならない。そうでなければ、未来の世代は存在できなくなるのであるから。

(2) 未来の世代との倫理

現在の世代と未来の世代の間の倫理、つまり世代間の倫理についておもに加藤尚武の著作(51)によりながら、簡単に見ていきたい。

これまで見たように、資源や環境に関して現代の世代と未来の世代の間には利害関係がある。現在の世代が資源を消費するほど、未来の世代が使える資源は減り、現代の世代が環境に負担をかければそれだけ劣化した環境を未来世代は受け取るしかない。しかし現代の我々は、未来の世代と対面して相談したり話し合ったりすることができない。このことが世代間の倫理を難しいものとしている。自由主義で正統とされてきた考え――つまり対等な人間同士の相互関係では、もし相手が法に違反したら懲罰を与えるというお互いに相手を拘束する関係が成り立ち、保護するものと保護されるものといった相互的ではない一方的なあるいは恩恵的な関係には互いを拘束するような義務は存在しない――といった考え方が通用しないのである。我々が資源を不当に多く使用し環境を汚染しても、未来の世代は、我々を追及することもできない。たんに現代の世代は未来の世代を保護する立場にあるとするなら、現代の世代にあるのは慈善のような不完全な義務であって拘束を受ける完全な義務ではないことになってしまう。

加藤は、人類の過去が５万年あり、未来もまた５万年あるとすると仮定して次のように論じている。つまり人類が石炭・石油を大量に使い始めてから１００年ほどしかたっていない。もしあと50年使うことができるとしても、人類10万年の歴史の中でわずか１５０年間の世代だけで化石燃料を使い切ってしまうことになる。そして後の世代は大量の人口を支えるためのエネルギーを入手しなければならなくなる。まるで梯子で登らせたあとでそれをはずすような真似を現代世代は未来世代に対してすることになる。資源の枯渇と環境破壊は現在世代による未来世代の生存可能性の破壊であり、これは人類史上最悪の犯罪ではないか[52]、と。

このような未来の世代に対する犯罪をチェックできるようなシステムを我々は持っていない。加藤は、それは近代化によって通時的なシステムから共時的なシステムへの転換が行われたからだとしている。つまり伝統が支配する前近代の封建的な社会では、結婚も本人の幸せよりも「家」という世代間の連続を支えるために行われる。世代がかわっても同じような人口や生産規模を維持していく通時的なシステムも、人口の増大には対応できず、人々は過去からの支配を克服して個人の自由や権利を拡大していくことになった。民主主義を生み出した近代社会における、あらゆる有効な合意や人間相互に拘束力を生むような有効な決定は、共時的な構造にある。つまりそれらは同じ世代の中だけで成立するものである。しかし、そこに、それらの決定の影響を受けるはずの未来の世代は参加できない。人間は、過去の桎梏を振り払うと同時に未来へ配慮する仕組みも捨ててしまったことになる。〃進歩〃が未来の人間の繁栄を約束していたはずだが、資源と環境の限界が社会のあり方そのものの再考を迫っているといえる。

では現在の世代と未来の世代との関係をどのように捉えたらよいのか。加藤は、まず日本の「恩」という言葉に世代間の相互性の手掛かりを求めたクリスティン・S・シュレーダー＝フレチェットの考えを紹介している。[53] フレチェットは、先祖の恩を受けた者が、それと同等あるいはそれ以上のことを子孫にすることによって、先祖の恩に報いるという関係の中で、未来の人格を過去の人格の代理人とみることが可能であり、そこに世代間の相互性が成立すると考えているようだ。さらに、フレチェットは、ロールズの〈無知のヴェール〉を持ち出して、未来世代の権利を導き出そうとしている。自分がどの世代に属することになるか知らされていなければ、誰もが、すべての世代が等しい権利を持つべきだと考えるはずだ、と。

しかし、加藤は、〈原初状態〉や〈無知のヴェール〉といったロールズの仮定を有効なものとして考えていない。人間の利己的で打算的な性質に合わせた規則を作ることを目指す功利主義者から見れば、ロールズの仮定は「あなたがもっと公平な視点に立てば、当然他人の権利も認めるでしょう」と言っているだけで、絵に描いた餅にすぎないという。また自分が何者かまったく分からなくなれば、常識的な人間なら何も判断できなくなるとし、〈原初状態〉はかえって世代間倫理を弱めるだけになるとしている。加藤は、そもそも社会契約説を世代間倫理に持ち込むことは間違っているという。社会契約説は、通時的システムがもっていた世代間倫理を葬り、共時的システムを作り上げるときに想定されたもので、無限の空間の中の独立した個人が共同生活を始めるための根拠を据えるものだった。加藤は言う、「社会契約という枠組みが世代間倫理に当てはまるはずがない。環境問題は、他者を否応なしに巻き添えにする構造をもっている。地球の生態系に対して個人が加入するかしないかの自己決定権を行使することはありえない。未来世代は契約によって地球生態系の一員となるのではない。彼らは、否応なしにこの共同社会の中にいる。だからこそ他者の権利を尊重しなければならない」[54]と。

加藤自身は、バトンタッチの関係の中に完全義務が成り立つと考える。先人が後人のために木を植えるのは何か自分への見返りを求めてのことではない。ここでは契約や約束によって互いを拘束する関係がなく、相互性は断念されている。各世代は、自発的自己犠牲という形で行為するのであり、制裁を予期して未来世代に責任を負うのではないとされる。「緑の地球を受け取ったのだから、緑の地球を返さなくてはならない」というバトンタッチの通時的相互性の中に完全義務が成り立つとされる。

加藤は、この世代間の倫理を考えるうえで重要なものとしてハンス・ヨナスの責任原理を紹介している[55]。ヨナスも、現在世代が未来の世代に対して負うという責任は、相互性からは導き出せないとし、そして世代間の責任の原型を親子関係に見る。

乳飲み子を問題にすることで何が見えてくるか、これをさらに探ってみる必要がある。ここに提供される証拠（明白さ）は、存在の中に当為が告示される在り方のうちでも特に際立っている。これを際立たせる特徴は、疑いない直接性そのものということ以外に、何か。乳飲み子は、責任の対象として、経験的に最初で直観的にもっとも明らかな範例であるばかりか、内実のうえでも最高に完全な範例であり、文字通りの意味で原型である。[56]

ヨナスにとって、責任の対象となる者は、次の三つの条件を備える存在である。第一には、時間とともに消滅しかねない存在者であること。第二には、私以外の存在者つまり他者であること。第三には、その存在者が存続するか消滅するかが私の力にかかっていることである。[57]

乳飲み子に明白に見られる「当為（べし）」は疑いえない明白さ、具体性、そして緊急性を持っている。個別性（ほかでもない「この」という性格）の最たる事実、個別性への最たる権利、そして存在の最たる脆さが、ここには同居している。責任のありかとは、生成の海につかり、可死性に委ね渡され、消滅の脅威に震える存在である。乳飲み子はこのことを模範的に示している。[58]

加藤は、ヨナスの「乳飲み子」という事実に倫理的義務の根拠を置く立場は、倫理的義務の根拠は事実ではなく存在に還元できないとする立場とは相容れないものであり、また理論的にもあまりに素朴なので現代の英米の倫理学者たちを説得できるものと思われないとしつつも、乳飲み子への責任が、なぜ倫理学の根本問題になったのかと問いかける。今までの倫理がすべて人類全体の人口拡大基調の中にあったため、人類の存続の責任を誰が引き受けるのかといった問いは発せられてこなかった。しかし、環境や資源の限界という事実によって人類存続の危機が自覚され、人類存続の責任の原点として「乳飲み子」の存在を改めて確認しなければならなくなったためだろうと加藤は述べている。[59]

結びにかえて

本当に持続可能な世界を築くためには、ハーマン・E・デイリーが言うように、人間の経済活動の全体を生態系の下位に置かなければならないだろう。つまり、原料を投入して様々な財を作り出し、最終的に廃棄物を生み出すという一連の流れが、生態系の再生力と吸収力の範囲内に収まっていなければならない。しかし、これは「成長なき発展」と定義される。[60]つまり、定常型の社会へ移行しなければならない。成長か持続可能性かという選択はない。成長を続けていれば、いずれ持続は不可能となる。「限りない成長が貧困層をも引き上げるから、いずれ格差の問題は無くなる、公正は成長を通して実現される」と言われていたことは、生物学的物理学的限界によって幻想に終わりつつある。しかも「成長なき発展」へ移行していく過程のなかで、発展途上国が先進国に追いつくようなことが実現できるのか。資源の分配のあり方や「豊かさ」の意味が、根本的に問い直されなければならない。[61]

当然、格差は国際間だけの問題ではなく、個人間・地域間の問題でもある。人々の格差の実感は、自分がいる社会のありように最も左右される。そのうえ、グローバル化によって比較対照する地平が広がり、人々は自分に欠如するものをより一層強く意識するようになった。[62]さらに資源をめぐる紛争も絶えない。公正が実現できなければ、資源の枯渇という事態の前に、社会的な限界が訪れる可能性もある。[63]

加藤尚武は「緑の地球を受け取ったのだから、緑の地球を返さなくてはならない」というバトンタッチの通時的相互性が世代間倫理を支えると述べていたが、持続可能な世界を実現するまでの世代は、他の世代の何倍もの自己犠牲を強いられるのではないか。我々は、続く世代に自分たちが担ったよりもはるかに難しい課題を押しつけているのではないだろうか。世代間といっても遠い未来の世代との距離だけでなく、同時代を生きる次世代とも大きな距離がある。ノーマ・フィールドは、自分とは違った経験を持ち、いま格差が広がっていく社会の中で苦しむ若い世代に届く言葉を紡ぎ出す難しさを語る中で次のように述べている。「経済的に一番弱い立場に置かれる人は、自分の生命さえ犠牲にしないといけないようになります。私は『生活と生命の乖離《かいり》』と呼んでいますが、明日の生活のために5年先、10年先の命を顧みられなくなる」と。そして、人々が押しつぶされそうになっている状態は支配層には都合がいいことだ、などと言う政治家がいることに触れながら、『戦争ができる国』にしようとしている政治家を若い世代が支持するのは、まさに生活と生命の乖離だと思います」と述べている。彼女は、境遇が異なる人間同士を橋渡しすることの困難さを語りながら、あきらめない心情を吐露して、人間を愚弄する政治に対する怒りが彼女の原動力だとも語っている。[64]

アマルティア・センは、今年5月、アメリカ創価大学の卒業式で、若い世代に向けて講演を行った。そこでセンは、現在も世界経済の危機的状況は遅々として改善せず貧困の苦しみの中で何億という人の命が失われている事実に言及し、実際に生きる人々の暮らしに目を向け、なぜ貧困が起こり継続するのか、またなぜ不平等が許され、さらに大きく広がることを許容されているのかを問わなければならないと述べる。そしてその時、地球的正義を実現するために、我々は国家的な視点ではなく、世界的な思考に立ち、制度や慣例にではなく、人間生命と自由に直接の焦点を当てる公共的理性による議論を促進していかなければならないと訴えている。さらにセンは、自身は特定の宗教への信仰は持っていないと断りながら、仏教の伝統が公共的議論の重要性を重んじていた点に言及する。それはブッダの教えを継承していくにあたって、異なる観点から生じる論争の解決を目指した〝仏典結集〟のあり方であり、センは次のように評価している。

ブッダは生涯にわたり、盲信ではなく理性を頼りにしていました。ブッダの視点から見れば、啓発（悟り）とは個人の探求のみならず、コミュニケーションを通した交流的なものです。その精神の旅は共同探求という形をとらざるをえないのです。個人の啓発と社会的な進歩を推進するにあたって、公共的議論の重要性を強調する仏教の伝統は、コミュニケーションと協力的行動のための大規模な組織の発展をもたらしただけでなく、世界最古の開かれた座談の場を生み出しました[65]。

以上のように述べたうえで、センは、公共的理性に基づく開かれた議論が、世界における様々な不安定と不公平の課題に取り組み、正義を達成していくうえで、充実した貢献をもたらすだろうと結論している。

このような開かれた議論が、温暖化防止の国際会議の場においても、市井の環境について相談する場においても営まれ続けるなかに、持続可能な世界への道もあると思われる。

注

（1）環境と開発に関する世界委員会、『地球の未来を守るために』、大来佐武郎 監修、福武書店、１９８７年、66頁。ここに「欲求」「必要物」と訳されている原語はいずれも needs である。World Commission on Environment and Development, *Our Common Future*, Oxford University Press, 1987, p. 43. また development は「開発」とも「発展」とも訳されるが本章では、とくに区別せずに用いることにする。

（2）ドネラ・H・メドウズ他、『成長の限界』、大来佐武郎 監訳、ダイヤモンド社、１９７２年。

（3）深井慈子、『持続可能な世界論』、ナカニシヤ出版、２００５年、19頁。
（4）環境省地球環境局編集協力、『ヨハネスブルグ・サミットからの発信：「持続可能な開発」を目指して――アジェンダ21完全実施への約束』、エネルギージャーナル社、２００３年、３頁および89－93頁。
（5）同書、ii頁。
（6）ヴォルフガング・ザックス／ティルマン・ザンタリウス編、『フェアな未来へ』、川村久美子 訳、新評論、２０１３年、２－３頁。
（7）気候変動枠組み条約締約国会議　Conference of the Parties
（8）加藤尚武、『新・環境倫理学のすすめ』、丸善、２００５年、８－９頁。
（9）室山哲也、ＮＨＫ時論公論「地球温暖化ＣＯＰ19が残した課題」、２０１３年11月30日午前０時放送、(http://www.nhk.or.jp/kaisetsu-blog/100/174316.html)
（10）Intergovernmental Panel on Climate Change
（11）加藤尚武、前掲書、7頁。また、ザックス／ザンタリウス編、前掲書、２３８－３９頁でも同様の指摘。
（12）加藤尚武、前掲書、17頁。
（13）ザックス／ザンタリウス編、前掲書、３－４頁。
（14）加藤尚武、『環境倫理学のすすめ』、丸善、１９９１年、40－48頁。

(15) ピーター・シンガー、『実践の倫理』新版、山内友三郎／塚崎智 監訳、昭和堂、1999年、267頁。
(16) 同書、263頁。
(17) 同書、265—6頁。
(18) 同書、267頁。
(19) 同書、267頁。
(20) 同書、273頁。
(21) 同書、276頁。
(22) 同書、24頁。
(23) 同書、281頁。
(24) 同書、296頁。
(25) 川本隆史、「不平等の許容限界（J・ロールズ）」、坂部恵／加藤尚武 編『命題コレクション 哲学』、筑摩書房、1990年、333—38頁。
(26) 伊勢田哲治、『動物からの倫理学入門』、名古屋大学出版会、2008年、102—07頁他。
(27) シンガー、前掲書、27—30頁および289—290頁。
(28) ジョン・ロールズ、『正義論』改訂版、川本隆史／福間聡／神島裕子 訳、紀伊國屋書店、2010年、86頁。

(29) 同書、16頁。
(30) 同書、18頁。
(31) ロールズの『正義論』の中で「正義の二原理」は議論が進むにつれて洗練・彫琢されて複雑になっていくので（前掲『正義論』改訂版、84頁、１１４頁、４０２－０３頁他）、ここでは川本、前掲書、３３３頁、および伊勢田、前掲書、１０５頁を参照した。
(32) 伊勢田、前掲書、１０５－０６頁。
(33) アマルティア・セン、『合理的な愚か者』、大庭健／川本隆史 訳、勁草書房、１９８９年、２４９－５０頁。
(34) アマルティア・セン、『人間の安全保障』、東郷えりか 訳、集英社、２００６年、１８３頁および１９３頁。
(35) アマルティア・セン、『合理的な愚か者』、（前掲）、２５３頁。
(36) 加藤尚武、『新・環境倫理学のすすめ』、（前掲）、１３８－４１頁。
(37) アマルティア・セン、『合理的な愚か者』、（前掲）、２５５―５６頁。
(38) 伊勢田、前掲書、２０８、２１５頁。
(39) ザックス／ザンタリウス編、前掲書、42頁。
(40) 同書、２３５頁。
(41) 同書、79－80頁。

(42) 同書、53、79－81頁。
(43) 同書、240－42頁。
(44) ピーター・シンガー、『グローバリゼーションの倫理学』、山内友三郎／樫則章 監訳、昭和堂、2005年、33－64頁。
(45) 加藤尚武、『新・環境倫理学のすすめ』、(前掲)、143－45頁。
(46) ザックス／ザンタリウス編、前掲書、117頁。
(47) NHK、「エネルギーの奔流 第一回 膨張する欲望 資源は足りるのか」、2014年5月24日放送。(https://www.nhk-ondemand.jp/goods/G2014056335SA000/)
(48) 加藤尚武、『新・環境倫理学のすすめ』、(前掲)、48－51頁。
(49) NHK、「エネルギーの奔流 第二回 欲望の代償 破局は避けられるのか」、2014年5月25日放送。(https://www.nhk-ondemand.jp/goods/G2014056336SA000/)
(50) ザックス／ザンタリウス編、前掲書、48頁。
(51) 加藤尚武、「現在の人間には未来の人間に対する義務があるか」、『現代倫理学入門』、講談社、1997年、204－19頁。
(52) 加藤尚武、『環境倫理学のすすめ』、(前掲)、4－5頁。
(53) 加藤尚武、『現代倫理学入門』、(前掲)、210－16頁。
(54) 同書、217頁。

(55) 加藤尚武、『新・環境倫理学のすすめ』、(前掲)、１０９－１１頁。
(56) ハンス・ヨナス、『責任という原理』、加藤尚武 監訳、東信堂、２０００年、２２４頁。
(57) 品川哲彦、『正義と境を接するもの　責任という原理とケアの倫理』、ナカニシヤ出版、２００７年、37－38頁。
(58) ハンス・ヨナス、前掲書、２３０頁。
(59) 加藤尚武、『新・環境倫理学のすすめ』、(前掲)、１１１頁。
(60) ハーマン・E・デイリー、『持続可能な発展の経済学』、新田功／藏本忍／大森正之 共訳、みすず書房、２００５年、37頁、１０１頁。
(61) ザックス／ザンタリウス編、前掲書、58－62頁。
(62) 同書、38－39頁。
(63) 同書、31－32頁、１１７－１１８頁。
(64) ノーマ・フィールド、インタビュー「『平和と繁栄』の後で」、朝日新聞、２０１４年3月1日付、15面。
(65) 聖教新聞、２０１４年5月27日付、3面。

執筆者紹介（掲載順）

川田洋一
東洋哲学研究所所長
医学博士

八巻節夫
東洋哲学研究所委嘱研究員
東洋大学経済学部名誉教授　経済学博士

山本修一
東洋哲学研究所主任研究員
創価大学工学部教授　理学博士

栗原淑江
東洋哲学研究所主任研究員
博士（社会学）

松森秀幸
東洋哲学研究所研究員
創価大学文学部助教
哲学博士、博士（人文学）

平良　直
東洋哲学研究所研究員
博士（学術）

柳沼正広
東洋哲学研究所研究員
創価大学通信教育部非常勤講師
博士（人文学）

『持続可能な地球文明への道
大乗仏教の挑戦9』
二〇一四年九月八日　発行
編　者　公益財団法人　東洋哲学研究所
発行人　川田洋一
発行所　公益財団法人　東洋哲学研究所
〒一九二-〇〇〇三
東京都八王子市丹木町一―二三六
電話　〇四二（六九一）六五九一
振替　〇〇一三〇―七―一二二三九四
印刷・製本　株式会社清水工房
Printed in Japan 2014
乱丁・落丁の本はお取り替えいたします。
ISBN978-4-88596-079-6　C0030